3~7岁 儿童
社交心理学

陈敏莹 ◎ 著

中国纺织出版社有限公司

内 容 提 要

本书结合经典儿童心理学原理、有趣的心理小实验、具有很强代表性的生活案例，带家长朋友们走进孩子的社交世界，洞悉孩子在冲突中的真实感受与需求。

通过完整的培养解决冲突能力体系，为孩子量身定制预防冲突的思维模式、日常的训练模式、当场引导方式、家园的合作模式，以幽默智慧的沟通和游戏让孩子突破心防，愉悦诚心地与伙伴合作。并为不同气质类型的孩子与不同养育类型的家长有针对性地提供最佳引导方案，让家长朋友们在育儿过程中走出困惑，灵活指导孩子，使孩子健康成长。

图书在版编目（CIP）数据

3~7岁儿童社交心理学／陈敏莹著. --北京：中国纺织出版社有限公司，2021.10
ISBN 978-7-5180-8510-1

Ⅰ. ①3… Ⅱ. ①陈… Ⅲ. ①儿童—心理交往—社会心理学—通俗读物 Ⅳ.①C912.11-49

中国版本图书馆CIP数据核字（2021）第077041号

责任编辑：江 飞 责任校对：高 涵 责任印制：储志伟

中国纺织出版社有限公司出版发行
地址：北京市朝阳区百子湾东里A407号楼 邮政编码：100124
销售电话：010—67004422 传真：010—87155801
http://www.c-textilep.com
中国纺织出版社天猫旗舰店
官方微博http://weibo.com/2119887771
天津千鹤文化传播有限公司印刷 各地新华书店经销
2021年10月第1版第1次印刷
开本：880×1230 1/32 印张：6.5
字数：122千字 定价：49.80元

前　言

"以昨日之法，教育今天的孩子，将使他们失去明天。"
美国实用主义哲学家杜威曾经这样说过。

在数年的教育媒体工作中，无论是对媒体报告、调研数据，还是线上、线下咨询案例、课程讲座问答的分析与追踪，我发现，培养孩子社交能力中的解决冲突这一环，可谓是家长们的"心头大石"。

面对这个"老大难"问题，如果家长只用一贯死板的沟通模式来处理，孩子往往只会把我们的话当耳旁风；如果家长只用传统、"认死理儿"、不符合孩子心理的方法纠正孩子的"错"，孩子要么会"对着干"，要么成为懦弱的扯线木偶；如果家长只讲大道理或以权威迫使孩子做我们认为对的事，那么亲子关系只会降至冰点而回暖无望。

于是，我希望在儿童心理理论的基础上，跟随众多家长的脚印努力前行，并摸索出一条更顺利通向灯塔的新路。

过程是，对家长提出关于自己孩子的社交"问题"进行研究、分析，确定解决方法、实践、检验结果和跟踪效果，然后对方法作充足的总结、提炼和反复验证。最后，我得出了一套完整的培养解决冲突能力体系训练法，其中的沟通和游戏方式幽默智慧、好玩有趣，能让孩子心悦诚服地提升自己的社交技能。

建立预防
冲突的思
维模式

家长当
场的引
导方法

培养孩子
解决社交
冲突的能力

日常训练
解决冲突
的方法

家园合作
的沟通模
式

理解冲突背后的心理、生理、环境因素

　　体系的中心是我们的共同目标：培养孩子解决社交冲突的能力。周围四个小圆分别是培养的四个环节：建立预防冲突的思维模式、日常训练解决冲突的方法、家长当场的引导方法、家园合作的沟通模式。

　　建立预防冲突的思维模式不仅能让孩子拥有良好的交友习惯和品格，乃至整个社交人生，还让他们守住自我本源与价值；日常训练解决冲突的方法能大力促进孩子的社会性发展，扩容他们的言语修养与利他的品性，为他们持续输送待人接物的养料；家长当场的引导方法能为孩子提供恰到好处的空间与底线，在体察与包容下掌握分寸感和确定感；家园合作的沟通模式能催化孩子在社交中的无限潜能，实现完整而美好的教育目标。

　　四个小圆辩证统一，缺一不可，长此以往，体系能逐渐成就儿童的社交基本品质和解决冲突能力。如果混乱了或者其一被破坏了，就会收效甚微。

　　正如有些家长反馈说，当孩子发生冲突时，会按照体系中的当场引导方法来沟通，但孩子还是不听，这是为什么？其实，如果家长平时没有建立预防冲突的思维模式，也没有运用日常训练解决冲突的方法，自然地，孩子并没有长期把注意力集中在语言发展和社交技能上，也没有从心底认识到家长一贯的滋养和尊重，当遇到冲突时，即使家长临时用上正确的沟通手法，就像临时抱佛脚，孩子如何知道自己在关系中的位置？如何拥有安全感来信任社会和他人？如何用心地聆听家长的声音并接受建议？

　　不得不说的是，整个体系的基础是家长深入孩子社交冲突的背后，了解冲突产生的原因，基于何种心理原理，只有事与情明于心，真切本质地投入，才能真正行动起来。因为一切生命，包括儿童，必然有其结构和秩序，他们产生的社交活动又怎会不蕴藏内在结构和秩序呢？

　　也有家长问，是不是把整个体系直接套用在自己孩子身上就可以了？在一定程度上，这样做会让你的培养之路更加平坦笔直，但凡是缺乏具体问题具体分析的过程，自始至终都是脱离现实养育的，让人身心倦疲。所以，我们还得了解孩子的气质类型以及自己的教养类型，有针对性地摸索专属的模式来引导孩子的社交。

瑞士著名的心理学家荣格曾说："所有母亲身上都有圣母和巫婆的成分，只是程度和比例不同。"家长有做得好与不好的地方，孩子也一样，一半魔鬼一半天使。对于任何一个家庭来说，双方的优缺点不尽相同，可见，真正的教育是独一无二的。

因此，我并不会吹嘘说，读了这本书之后，我们的孩子必定能够成为解决冲突的社交高手。一来家长必须投入更多的时间和精力去洞察自己孩子的特点，然后按照特点找到对应的方法，而且随着孩子的成长需要"更新换代"；二来所有的方法都是不积跬步无以至千里，每个孩子的成长都不是放下书后的一蹴而就。

本书是基于我数年工作经验与思考的总结，当然，我也在不断地学习，每一次得出的研究和检验方法，都是对自己的疗愈和丰富，一路走来，心和行动联动并扩充。我希望，家长朋友们也一样，在看书学习中，除了践行，还需要自己去发现、补漏、延展，用心和行动帮助孩子拼凑起快乐的社交人生，这样更能善用此书。

请睁开心灵的双眼来品读。你我相遇，让我们在共同学习中找到自己，互洒阳光，相信我们的孩子会以此为榜样，在一切关系中能找到自己、理解自己，与他人互相成就、协同成长。

陈敏莹

2021年元旦于广州

目 录

第一章

孩子社交冲突背后的秘密

1.心理溯源：社交冲突真的是因为孩子任性所致吗?

康康妈接康康放学，到达时班上的孩子已经整整齐齐地排在操场上等候了。这时，康康突然使劲地拉扯排在前面的小雨，小雨生气地皱着眉头插着腰，康康继续粗鲁地拉扯着她，结果小雨号啕大哭。其他孩子见状，纷纷指着康康向老师告状，并大喊："康康欺负人!"

康康妈全都看在眼里，接到康康后，急忙问他为什么要拉扯小雨，康康委屈地说："我只是想跟她玩，她可喜欢跟我玩了。"康康妈怒火冲天地批评道："你太任性了!"

心理学家研究发现，学龄前儿童平均每小时起冲突超过9次，每次冲突平均持续时间为24秒，有些冲突在短暂停止后又会重新开始。

像康康和小雨之间的冲突，相信家长已经司空见惯。即便如此，家长看到这些冲突场景，心里别提有多着急了，更不知道该如何引导自己那个任性妄为、爱惹是生非的孩子。

但是，社交冲突真的是因为孩子任性，把自己的快乐建立在别人的痛苦之上吗?事实上，每个陷入冲突的孩子背后，都有他自己的深层原因。

自我中心化

现在，请家长跟孩子一起做做下面的小实验。

实验一：把3~5个毛绒玩具放在桌子上并堆在一块，让孩子在桌子的一边面向它们坐下来，同时在孩子的对面，也就是毛绒玩具的另一边放一个洋娃娃，然后让孩子找出自己所在方位看到的毛绒玩具照片，再让孩子代替洋娃娃选择它所在方位看到的毛绒玩具照片。

结果是怎样呢？我们会发现，大多儿童能以自己的视角位置来作出选择，而不能挑选出对面洋娃娃视角的照片。

这个实验是我国一项"三山实验"形式的研究，是用来考察儿童认知的自我中心现象和脱自我中心化的。而儿童的自我中心化正是心理学家皮亚杰通过三座山的模型测试所发现的，只是我们把三座山的模型改为毛绒玩具而已。

心理学家认为，儿童进行判断是以自我为中心的，他们不能从他人的立场出发考虑对方的观点，而是以自己的感受和想法取代他人的感受和想法。3~7岁儿童具有自我中心现象，8岁儿童才会出现脱自我中心化，9岁以后的儿童才能摆脱自我中心的影响。

实验二：妈妈告诉孩子今天是爸爸的生日，然后带上孩子去挑选生日礼物，过程中我们不要加插任何意见，认真观察孩子会挑选什么礼物。究竟是公文包、手表、领带，还是孩子自己感兴趣的玩具呢？

我们会发现，一般来说，儿童会挑选自己喜爱的玩具送给爸爸。

这种行为并不代表孩子自私，而是他们以自我为中心的正常表现。孩子并不知道爸爸的兴趣与他的兴趣不同，他不知道自己喜欢的东西爸爸不一定喜欢。大概要等到孩子7岁之后，才会有意识地去挑选爸爸喜欢的礼物，像刚提到的公文包、手表、领带等。

好了，家长通过亲身实践的小实验，能够了解儿童内心的秘密了吧？

我们返回康康的案例，康康的社交冲突与任性无关，而是康康以为别人的感受就是他自己的感受：他觉得使劲拉扯很好玩，他以为小雨也觉得使劲拉扯很好玩。并且，康康不能从他人的角度看待问题：他不知道小雨不想玩，只是想排队；他不知道小雨被拉扯会很伤心；他不知道自己的做法把班上的其他同学惹怒了。

很多时候孩子在社交上的冲突行为，并不是因为什么恶性动机、教而不善或者特意挑战权威所致，而是一种生理和心理上出现自我中心的正常现象。

移情能力低

现在，请家长再给孩子做个小测试。

家长先给孩子讲一个故事，然后问他一个问题。故事是这样的：A正在去参加宴会的路上，他一边走一边想，宴会中有很多好玩的、好吃的，也有很多好朋友参加，真的很期待。突然，A在路边看到一个小女孩受伤了，腿上流着血，正哭得伤心。

故事讲完后，家长问孩子：如果你是A，你会留下来帮助小女孩，还是继续去宴会呢？如果留下来帮助小女孩的话，就去不了宴会，吃不了好东西，玩不了好玩具了，因为你要花时间帮小女孩处理伤口、找她的爸爸妈妈或者送她去医院。这时家长看孩子是怎么回答的。

这个小测试正是我国心理学家考察孩子移情能力的一道题目。

那什么是移情呢？简单来说，就是我能感受到别人的感受，我能感知别人的内心世界。

研究发现，大部分3~7岁的孩子会选择去宴会而不帮助小女孩。而上了小学低年级的孩子才会有个别表示选择帮助小女孩而不去宴会，等到孩子处于小学高年级或上了初中，他们才会真正意识到必须要去帮忙。

这是为什么呢？因为3~7岁的孩子，移情这一社会性情感还没有发展好，也就是说，孩子未能感受他人的内心世界，一般来说，上了小学之后才会逐渐表现出来。

但是，可能有家长会反驳："才不是呢，我家孩子早就有移情了，小时候他看到其他孩子哭，就会拿小手帕给别人擦眼泪。"的确，有些孩子在两三岁时移情就会萌发，而且移情的发展跟孩子生活、学习环境都息息相关，尤其是妈妈、老师的榜样作用。但是，儿童的移情存在波动，在许多情景下不能完全发挥作用，直到上了小学才会趋于稳定。

我们再次返回康康的案例。当康康第一次拉扯小雨时，小雨很生气，康康不能体会到小雨的痛苦；当康康继续拉扯小雨时，小雨哭了，康康不能理解小雨的伤心，而且他不觉得内疚；当康康被班上的同学指责时，康康感受不到自己不受欢迎，也不觉得羞愧；当妈妈问康康为什么拉扯小雨时，康康明显不知道小雨不能接受自己的做法。

当家长看到对移情的分析时，是否反思一下自己，曾经的我们是不是埋怨过孩子跟同伴陷入冲突中呢？事实上，我们不能只看到孩子冰山浮在水面上的表象，而应该读懂孩子冰山下内心潜意识的那一部分。

自我意识的建立

1~2岁的孩子已经处于自我意识的萌发时期，3~4岁的孩子进入自我意识建立的关键期，5~6岁的孩子就更加有自己的主意了。

从儿童心理学的角度来说，孩子并不是真的脾气坏、情绪化而经常闯祸，对他们来说，这些都是发展自我的正常行为表现。很多孩子为了证明个体独立性和自我存在，他们需要对方承认"我就是我，你就是你，我跟你是不一样的"，而产生一系列对抗行为。

可以这样说，冲突的实质，是孩子为了拥有能体现个性的、不受控制的平等相处模式而作出的探索和努力，只是表现出来的方式不能被成人所理解。

而且，随着孩子的精神世界越来越丰富，语言表达能力并不一定能"齐头并进"，因此对方无法破译他们的内心密码，也无法给予回应、认同和满足，孩子很容易爆发愤怒的情绪。加上孩子对失败的承受能力并不高，当他们面对挫折时，会认为这是自己不能解决问题而导致的麻烦和障碍，过激的心情就像膨胀的热气球，瞬间爆炸，最后冲突一发不可收拾。

现在家长只有通过对儿童阶段心理发展特征的了解，才不会用有色眼镜来看待孩子的社交冲突，才不会使用指责、惩罚的手段来制止矛盾的发生，而是做好孩子探索路上的同行者，潜移默化地进行顺应式引导，耐心培养孩子解决社交冲突的能力。

大家都准备好了吗？从现在开始，家长们需要大量的阅读和积累，把儿童心理要素融入自己的育儿观念和逻辑里，让孩子的精神胚胎得以良好萌发，这些做法正是给予孩子一道门、一条路，让他们在社交世界里行走得更加有力量、更加顺畅！

☁ 家长问题

　　我家孩子特别害怕在幼儿园里受到欺负。可能现在关于霸凌的新闻多了，我对周围环境既焦虑又担心，所以导致孩子也害怕受到伤害。请问，我该如何告诉孩子要积极交友，但也需要拥有良好的自我保护意识呢？

扫音频，听答案！

2.生理溯源：大脑处于发育高峰，却未懂跟身体说不

　　在幼儿园里，辉辉跟三个同伴在娃娃屋里玩，门外有个女孩也想进去，由于娃娃屋已经相当拥挤，辉辉不让她进去，但是女孩偏要挤进去，辉辉就狠狠地推倒了她，老师就此惩罚了辉辉。

　　妈妈知道了这件事后，提醒辉辉遇事要冷静，应该用正确的沟通方式让女孩等一等或者排队轮流进入娃娃屋，而不是出手推人，但辉辉仍然坚持自己是正确的，无须改正。

　　孩子跟同伴发生冲突，而且屡教不改，家长自然会捉襟见肘、头疼尴尬，同时这也是幼儿园老师每天都要面临的大挑战。成人晓之以理、动之以情，也难以减少孩子间的冲突事件，这并不一定是方法不对，而是因为儿童本来就不能满足认知、控制和解决冲突的各种条件。

为了进一步解释这一点，下面我们从孩子的生理发展角度来展开说明。

羽翼未丰的上层脑

根据美国著名积极心理学家、哈佛大学医学博士丹尼尔·西格尔和儿童与青少年心理治疗师、知名育儿专家蒂娜·佩恩·布赖森对脑科学的分析和研究，她们给了这样的答案：

人的大脑分为上下两层。下层大脑负责与生俱来的反应和冲动，如打斗和躲避；负责强烈的情感，如愤怒和恐惧。而上层大脑就完全不一样了，它非常复杂，控制着重要的高级分析思维功能，如决策、情绪控制、认知、道德等。

下层大脑在孩子出生时就十分发达，而上层大脑还未发育成熟。当人类处于二十几岁时，上层大脑才完全发育成熟。所以对于儿童来说，下层大脑较本能的、原始的、不受控制的行为特征最具影响力。

有了这个生理认识的基础后，我们就能明白：

辉辉眼看女孩要挤进人满了的娃娃屋，愤怒地推她，这是他的下层大脑起了主要作用，上层大脑的作用微乎其微。因为冲动的下层大脑已经受到了强烈的能量冲击，使他无法保持心平气和，只给上层大脑留了一点点能量。

在教育孩子的过程中，家长经常会期待他们能够冷静理性、善解人意、积极调节负面情绪、三思而后行、按部就班执行正确的决定……其实这些都是异想天开，因为这些都需要依靠发达的上层大脑来实现。

当家做主的右脑

这也是来自丹尼尔·西格尔和蒂娜·佩恩·布赖森的分析。

大脑模式分为"左脑模式"和"右脑模式"。

左脑主导秩序、逻辑、语言，是细节性的；而右脑主导情感、情绪、感受，是整体性的，它发送并接收信号，包括面部表情、眼神、语气、姿势、手势等，使我们能正常沟通。

处于3~7岁的孩子，右脑发挥着主要作用。孩子还没有掌握用逻辑和语言来表达真情实感，他们对责任心、认同感、同理心只停留在浅显的层面上，除非家长非常有技巧地提前促进孩子左脑运行。所以，他们往往容易被情绪和情感控制。

现在我们返回案例并了解到，当辉辉决定要用暴力来解决问题时，他的行为主要是靠情绪化的右脑支配的，并没有和逻辑化的左脑协调运作起来，因此在成人看来无法接受。

归纳丹尼尔·西格尔和蒂娜·佩恩·布赖森所说的上下脑、左右脑的知识点，我们可以获知：正因为左右脑、上下脑的分工和发育时间不同，儿童很容易被困在下层脑和右脑中，缺乏上层大脑和左脑的指导。所以，孩子容易大发雷霆、跟同伴发生冲突、缺乏共情和自我理解能力，这正是他们自身生理条件制约的一种体现。

别具一格的冲突大脑

　　除了上下脑、左右脑的原因，我们再深入分析擅用"拳头"来解决问题的孩子，"罪魁"究竟是什么？

　　曾经有心理学家对那些高频率引发大冲突的孩子的脑部影像作研究，发现了这类孩子的脑部结构与安静听话的孩子的脑部结构有着明显不同，但是随着成人教育方式的改变，这种结构区别又会随之消减。

　　在研究过程中，心理学家让孩子们观看一些让人产生同情心的视频，结果是：从表情和行为上看，一部分经常引发大冲突的孩子比起安静听话的孩子对值得同情的事件更不敏感、更少感触，而另一部分经常引发大冲突的孩子比起安静听话的孩子对值得同情的事件要敏感得多、感触更深；从脑部影像上看，这些经常引发大冲突的孩子和安静听话的孩子后脑部变化存在差异。

　　心理学家推断：对值得同情的事件不敏感、感触不深的孩子，很难理解某些行为对他人的伤害，也不能感受到别人的情感和痛苦，所以他们很容易引发冲突；对值得同情的事件过分敏感、过分感触的孩子，会对某些小事反应过激，爱把芝麻绿豆看作事关重大，容易把他人设想为佛口蛇心、心怀不轨，自己受害极深，所以倾向通过冲突来"解恨"。

　　现在，我们来想象一下，如果辉辉是个经常在集体中发起冲突的孩子，那么我们可能会认为，这是跟他自身别具一格的冲突大脑有关。所以，家长缺乏理解，或者采用过激、严格的控制手段来对待孩子，不仅不能改变孩子，而且协助了冲突大脑的无限度发展。

与日俱增的突触连接

早有科学研究表明，婴儿在出生时，大约有50万亿个突触连接，相当于成年人的1/10；孩子3岁时，突触连接的数目为1000万亿个，大致是成人的2倍；到了14岁，孩子的突触连接数目和成人大致相当。

在早期，孩子的每次新鲜体验都会刺激脑内突触连接数目的增加，当经验越来越丰富时，脑部就会以突触筛选来塑造自身。突触被使用的机会越多，就越有可能被永久保留，而那些不被经常使用的突触通常会枯萎或死亡。

要知道，当处于突触连接最大量的时期，孩子也是作出反应最多、最强、最高效的时期。

拥有大量突触连接的儿童，当碰到一些外界的细微变化或异常状态时，会容易接受和对此敏感，孩子的语言、肢体、表情等都会迅速接收命令并工作起来。这就是我们老百姓经常说的"小孩嘛，都是调皮捣蛋的""小孩总是精力充沛、好动、活跃"。

我们会发现，如果孩子拥有的突触连接越多，他们受到刺激的突触连接范围就会越大，语言、肢体、表情等反应就会越快，越强烈。例如，在人际关系里，一个突触连接发展得又快又多的孩子，一旦感觉到环境让人不舒服、对方不理解、大伙有异常，就会比拥有突触连接少的孩子说出更多成人出乎意料的话，做出更多不可理喻的肢体动作，展现出更多让人难以接受的表情等。

从这个角度来看，冲突并不真的是什么坏事，只能证明孩子对外界挑战拥有快速而灵活的应变，大脑中的突触连接发展良好，潜能得到大量的刺激。

然而，无论在早期引发冲突多或少，其实随着孩子的逐渐成长，他们都不再说那么多话，不再有过多的肢体动作，脸部表情也不再多样，这是因为部分突触连接遭到淘汰，他们对外部刺激不再容易接收和敏感。这就是我们老百姓经常说的"孩子大了，成熟安静起来了"。

说到这里，也许家长们会鼻子一酸，倒是珍惜孩子这段顽皮又不可逆的时光了。

通过以上的分析，我们可以从孩子身体的角度进一步了解他们人际交往和社会性发展的生理本质，这些都有助于家长对孩子施以正向的引导和积极的教育，奠定儿童人格诸多方面的发展基础。

🌥 家长问题

现在很多男孩都有枪、棍、剑之类的玩具，当一大堆男孩玩战争游戏的时候，看起来真的很暴力。我该不该阻止他们玩这类游戏呢？他们长大后会不会有暴力倾向或者攻击行为呢？

扫音频，听答案！

3.环境溯源：别让"内在小孩"伤及你的小孩

小刚从小由爷爷奶奶照顾，因为父母不常在家，长辈总觉得亏欠了孩子，帮小刚喂饭穿衣，像对待小皇帝那样侍候着。父母劝阻无效，于是每次回家在仅有的时间里都特别严格地要求小刚，希望在短时间内让他独立、懂事起来。

然而，小刚在幼儿园里很难融入集体生活，他总是对同伴呼来唤去，让大伙像听老师的话一样听他的，一旦有小朋友不听自己的，便揍对方一顿，结果往往是双方或多方打成一团。

孩子之间往往会因为权力争夺、意愿不一、不满意对方的行为而相互打斗、吵架，当孩子认知和解决冲突的能力并没有发展成熟时，很容易酿成更严重的后果。

对于冲突的原因，前两篇文章已经分别从心理和生理的角度展开分析，下面我们再通过生活环境来进一步解读。

情感需求没有被满足

首先，我先邀请家长们跟孩子做个小测试题。

家长给孩子讲述一个情景：在一片森林里，住着一只老虎、一只松鼠、一条毛毛虫。然后，我们让孩子选择自己希望扮演的角色，是大树？老虎？松鼠？还是毛毛虫？

结果会是怎样呢？我们会发现，大多数孩子会选择扮演老虎。

现代自我心理学之父阿德勒认为，每个人天生都是自卑的，只是程度不同而已，我们都有着克服自卑、追求优秀的内驱力。而我们终其一生，都在超越自卑。正是因为自卑，我们都会做出各种努力来摆脱自卑。我们的孩子也同样存在着与生俱来的自卑感。

所以，像上面这道测试题，大多孩子会更倾向于扮演老虎这种攻击性强、威风凛凛的角色。这是孩子成长的内在需求，他们在寻找心理支持来克服自卑。

当家长注重孩子的精神与情感发展时，孩子就能够很好地克服自卑。但是，如果家长对孩子缺乏重视和接纳，那么孩子的自卑会越来越明显，安全感缺失越来越严重，而有一部分孩子正是因为缺失与家庭的情感联结，便会迫切地要求外界对自己高度认可和关注，这就形成了在社交中霸道、爱控制他人、打人骂人、固执己见而不肯退让的孩子了。但实际上，孩子是很难从外界得到满足的，所以他们内部的能量会越来越少、情绪会越来越糟糕，从而陷入恶性循环当中。

那么家长为什么会对孩子缺乏重视和接纳？一般来说，这跟家长的童年经历、原生家庭和生活环境相关，是他们内心深处那个曾被抛弃过的"小孩"的创伤性记忆延伸。

如果家长小时候在家庭中很少获得安全感和存在感，只有在外才能稍微获得价值感、荣誉感，那么这种习得性无助就会成为一种"生活常态"，当现在有了自己的孩子，他们在家里也要维持"独处"来让自己心安理得，就像木桩曾被钉子钉过，尽管已经时过境迁，钉子不复存在，但是留下的孔洞仍在，这些孔洞需要修补，而自我愈合的一大利器就是"独处"。这样的家长是很难平衡自己的需求和孩子的需求的。

就像案例中的小刚，父母对其时而忽略、时而严格，这都是漠视孩子情感需求的表现，从而导致小刚不能塑造自我全能感和持续存在感，很自然地，孩子在自我迷失中产生被看得见、被回应和寻求归属的欲望，于是对自己和他人"用力过猛"，社交冲突就成了必然的结果。

过度保护、过度溺爱

下面，请家长们再做一道情景测试题：

一天，你正在专注地忙着手头的事情，一抬头突然发现2岁多的宝宝爬到了看上去有些危险的高凳子上，他要拿上面的玩具。这时，你的第一反应是什么？

（1）直接把玩具拿下来给他，阻止孩子继续往上爬，防止危险发生。

（2）快速走过去，帮孩子把凳子稳住，协助他安全地完成探险任务，让他通过自己的努力拿到玩具。

相信每个家长在实操过程中，反应都会有很大的差异。而正是这些反应一次次地教会孩子，当遇到问题时该如何应对。

当然，家长应该选择（2），在保证安全的前提下，为孩子那份天然的探索需求提供足够的外界支持，给孩子的好奇和努力提供一个安稳的支点。

但有部分家长会像（1）那样不自觉地过度保护、过度限制孩子，而这些做法都会不同程度地扼杀孩子的独立自主能力，阻碍生活技能、社交探索的正常发展。那么，这种溺爱是从哪里来的呢？实际上，溺爱来源于家长的自恋，他们忽略了孩子本身的需求，把孩子当作了自己的"内在小孩"，就是另一个自己，无节制地把所有营养提供给他，不愿意看到他成长，且让他实现自己理想化的童年或重温自己的童年体验。这是一种借爱孩子的名义来一味爱自己的自私狭隘的行为。

无论是家中的长辈，如案例中小刚的爷爷奶奶，还是父母自身，过度保护、过度溺爱都会让孩子产生许多内在冲突，因为孩子有一种向上的力量，我们正在为压制这股力量而使劲，所以他们的成长是扭曲的、痛苦的，于是往往会呈现出一系列让大人头疼的行为，就像小刚在社交中经常引发冲突、规则意识弱、情绪化、野蛮、不自信、不独立等。

模仿+他律道德阶段

7岁以下的孩子有能力把各种社会行为协调起来并模仿，从身体的模仿，到语言的、气质的、作风的模仿。模仿是儿童对自己行为、能力的确认，最终塑造出自己的模式，这是人类由自我意识走向社会环境的融合体验。

　　孩子会不自觉地、有选择性地模仿他认为重要的、权威的、反面典型的事情，除了模仿同伴的行为，还会集中对家长、老师行为的模仿。模仿动作会内化成心像，将对观察的片段储存于记忆中，在某个特定的环境下再把记忆呼唤出来。

　　如果家长、老师曾经对孩子指责挑剔、不尊重、不倾听，那么孩子随后也会模仿，对同伴恶言相对、尖酸针对；如果家长、老师曾经对孩子忽视、鄙夷，那么孩子随后也会轻视同伴之间的感情；如果家长、老师对孩子严格约束、支配操纵，那么孩子随后也会以控制同伴为乐。这些都是造成社交冲突的重要原因。

　　加上3~7岁的儿童正处于他律道德阶段，他们会单方面尊重环境所存在的权威，拥有遵守成人标准的义务感，即绝对遵从家长或者年龄较大的人所说的话，把其看作是固定的，不可变更的；他们看待所有行为都有绝对化的倾向，总是极端地认为事情只有完全正确和完全错误，是没有灰色地带的。

　　就像案例中的小刚那样，他认定了老师说的话为绝对权威，当他模仿权威角色时，他认为自己的话是正确的、标准的，没有不适当的地方，他不能接受同伴否定或不服从自己的"绝对化"话语，也丝毫不关心对方为了什么而抵抗，只是要求同伴必须遵循，否则他就会偏执地强行改正对方的行为。

　　总之，相比前两章的心理与生理原因，环境因素较为"隐性"，但是，不得不提醒家长应该高度重视这"活教材"，毕竟孩子是感觉学习者，周围的人和事物都会促进儿童社会化发展，对孩子体验人与人的和谐与平衡有着深入的影响。

☁ 家长问题

　　我表姐从小在家里没有任何话语权，她的父母很强势，让小时候的她做了很多她不愿意做的事情，亲戚当她是笑柄，平时在外也经常被同伴欺负。现在她作为一个母亲，我发现，她非常放纵自己的孩子。当她的孩子欺负别人时，她熟视无睹，从来不阻止，还默认他干得漂亮。我不认同表姐的做法，很想帮帮她，但不知道从何开始。她现在这样跟原生家庭有关，是吗？

扫音频，听答案！

4.逃避社交冲突真的因为孩子胆小懦弱吗?

　　芸芸在幼儿园里总是战战兢兢、如履薄冰。例如，当她准备伸手去拿一个新奇的玩具时，如果其他孩子大声叫喊着也要玩，或者强势地迅速夺走，她就会立刻把手缩回去，呆呆地看着，然后跑到小角落里独自玩其他玩具，像生怕跟别人起冲突似的，以"躲"来"息事宁人"。

　　当3岁的孩子踏入幼儿园这个小社会后，许多家长会认为他们更愿意接触小伙伴，更喜欢集体游戏，更擅长跟同伴解决问题。的确，有不少孩子是如此，但是有一部分孩子还是不敢表达自己的真实想法，不敢反抗他人的意愿和观点，不敢直面社交冲突……一味以"我只想一个人玩"来作为自我安慰剂。

对于逃避社交冲突的孩子，家长会有什么想法呢？是不是会认为他们在集体生活中很胆小懦弱，担忧这样发展下去孩子会成为"弱者"或者"受气包"，无法适应正常的社交生活呢？下面，我们一起来寻找答案吧。

孩子需要客观的评价

事实上，受到遗传状况、家族基因、家庭环境、后天教育、身体健康等因素的影响，不同孩子的心理和个性发展差异非常大，他们在社交中会出现不同程度的恐惧感，而这种情绪体验在孩子的成长过程中是很普遍的。不同孩子跟同龄孩子相比，他们对冲突的逃避程度也是千差万别的。

现时的科学报告，告诉我们孩子社交能力变化和规律的一致性，但这个"一致性"的时间和水平并非都具有高度的普适性，孩子跟不上"平均线"并不代表他们"拖后腿"或者永远发展不起来，而是有些人发展得快，有些人发展得慢，有些在这方面表现为"长板"，有些表现为"短板"。

家长需要理性地审视和反思每个孩子自身的生理和心理发展特点，给予机会和时间，让孩子成长、经历、沉淀，为之后展现出后劲而做准备，这样比起那些毫无意义的施压、悔疚、忧虑，更能决定孩子将来与社会的关系。现在，我邀请家长联想一个现象。

当孩子会爬行时，我们跟朋友们相约，在户外铺个干净的垫子一起晒太阳，孩子们在自己妈妈跟前自由玩耍。如果在垫子的角落放一个大家都没见过的玩具，孩子们就会对其产生兴趣，琢磨是留在妈妈身边好，还是大胆往前爬探索新玩具好。有些勇气可嘉的孩子会疯狂地爬过去，一把抓住玩具，有些孩子则会花很长的时间考虑，比前者迟疑、踌躇、紧张，但最后在妈妈的陪伴或鼓励下也同样会去接触新玩具。

同样道理，有些孩子在社交中不会"挺身而出""迎头而上"，而是会花更长的时间和更大的力气去寻求自己的位置，就像一部部细致精确的侦察机，能很好地识别他人的各种异常和动态，一旦有丝毫转变，便会洞幽微察、绞尽脑汁。甚至，"知难而退"的孩子很有可能是在保全自己的实力，深思熟虑，为日后在解决冲突上"逆袭"做好铺垫。

这时，如果家长能够作出客观评价，站在孩子的立场上，帮助侦察顺畅自然地运行，那么孩子在社交上往往能更快速地成长；如果家长短浅地"嫌弃"孩子裹足不前，给孩子贴上胆小懦弱的标签，那么孩子的社交则会永远如死水一般。孩子在社交中的弱小是从童年开始的，强大也是从童年开始的，这跟家长给予孩子存储的心理能量多少有关。就像罗森塔尔效应那样，成人对孩子的期望、暗示能戏剧性地收到预期效果，最终孩子是会按照我们所设想的"成长蓝图"来发展的。

孩子需要走出怪圈

通过以上的分析，虽然家长们了解到逃避社交冲突的孩子并不是什么胆小懦弱，但这并不代表我们可以放任孩子在逃避这条路上越走越远，而是应该在此基础上更有技巧地鼓励孩子勇敢面对与解决社交问题。

逃避社交冲突有可能是个"定时炸弹"——无论冲突是爆发式的打斗还是小意思的赌气，对于逃避的孩子来说，都会感到无比痛苦、消极，他们会下意识地过度自我保护，启动防御机制来疏远一个又一个群体。因为他们认为只有"孑然一身""遁世离群"才能保存自我价值，减轻或避免直面冲突时的焦虑情绪，就像把自己藏进了潜水钟一样，不再害怕他人的入侵和破坏。

但事实上，孩子越是以逃避社交冲突来力求"自保"，就越容易"上瘾"，这种依赖性会让孩子失去身边朋友的支持，日后就越容易成为被他人控制或攻击的目标，这样反倒增加了孩子自身的悔恨和自卑，问题变得更加严峻，发生社交冲突的频率就越高，从而形成让人难以克服的恶性循环。

表面上，逃避冲突的孩子会担忧对方的愤怒，但本质上他们更加担忧自己的愤怒。因为愤怒往往是带着被激活的创伤体验，是对支离破碎的过往复盘。孩子可能曾经以某种方式表示"爸爸妈妈，你们是不对的"，而家长多次压抑、制止、不接纳、不理睬，那么孩子的对抗性只能在封锁之下掩埋起来。长期如此，孩子意识到家长是不能接受自己表达对抗的，是一种不当的行为，而且这样也不能保护自己。因此，孩子在冲突中特别忧虑自己会显露对抗，尤其是从心里升腾出来的愤怒，便习惯以一种逆来顺受、退避三舍、孤独无援的状态示人，逐渐成了没有自我的"老好人""乖孩子"。那些肆无忌惮地爆发愤怒的孩子就会瞄准这类孩子攻击，因为从气场上双方是互补的，逃避社交冲突的孩子自然就成了对方的发泄工具，随之也会有更多矛盾围着自己转。

一般来说，我们很容易理解那些曾经溺水的人多么害怕水，但很难理解一个曾经被无视愤怒的孩子是多么害怕展现自己的愤怒，即使是一丁点的锋芒都会让他无所适从。

所以，家长需要看清楚真相，开一剂让孩子能掌控自己社交人生的心理处方，在"定时炸弹"爆发之前，帮助他们找到每段关系里既维持亲密又不压抑对抗性的方式，要知道，这些帮助都必定是由孩子最亲密的人，也就是父母的心灵能量所衍化出来的。

☁ 家长问题

我是一位单亲妈妈，独自养育孩子。我发现，孩子总是刻意逃避各种社交冲突，不够大胆或者总爱附和别人。我该如何做才能让孩子阳光果敢一点？其实，我内心对孩子感到很愧疚。

扫音频，听答案！

第二章

顺应孩子心理，建立预防冲突的思维模式

预防冲突模式一：强化同理心，改掉霸道行为

1.如何引导爱抢占同伴物品的孩子？

无论在幼儿园还是在小区里，泽泽都爱抢占同伴的玩具，当同伴要回玩具时，他就死死抱着，还坚持要带回家，大人怎么劝说都无效，除非妈妈答应买一样的玩具，泽泽才罢休。因此，小朋友们对泽泽都很警惕，不太希望靠近他。

就这样，泽泽的社交结果只有两种：一是比泽泽瘦弱的孩子会被弄哭；二是比泽泽厉害的孩子会把他揍哭。无论怎样，最后大家都是不欢而散。

在日常生活中，家长会发现有许多像泽泽那样的孩子，会将同伴的玩具占为己有，而这些行为正是社交冲突的一大源头。

首先，我们来分析一下爱抢占他人物品的孩子的内在原因。

请家长们先朗诵下面这段有趣的英译儿歌歌词：

如果是我喜欢的，就是我的；

如果东西在我手中，那就是我的；

如果能从你手中夺过来，那东西就是我的；

那东西我刚拿过来，就是我的；

如果东西是我的，不管怎样它永远不会看作是你的；

如果我在搭积木，所有的积木都是我的；

只要看来像我的，那就是我的；

如果是我先看到的，那就是我的；

你的玩具放回原处时，它自动变成我的；

如果东西损坏了，那就是你的。

家长是否觉得这首歌的歌词实在太有意思了？没错！这首歌唱出了处于物权敏感期的孩子的心声！我们成人也许会觉得太不讲道理，很不可思议，但这正是处于物权敏感期的孩子头脑里的真实想法！

其实，1、2岁的幼儿已处于物权敏感期。90%以上的幼儿在这个阶段就开始有"抢"或"顺手牵羊"的经历，只是部分孩子早些出现，部分孩子晚些出现；部分孩子表现得强烈一些，部分孩子表现得并不明显而已。可见，幼儿的这种行为是相当普遍的。

这个阶段正是家长让孩子建立规则的关键期！家长需要帮助孩子明确物权的归属，培养他们正确的主人意识。也就是说，家长要让孩子树立界限感：明确什么是别人的，什么是自己的；别人的东西不可以拿，除非征得了别人的同意；关于自己的东西给不给别人，自己有决定权。

要让孩子拥有良好的物权意识，家长平时不能强迫孩子分享，也不能让孩子随便拿走他人的物品；引导孩子说出自己的意愿，包括掌握拒绝他人的"不行"；允许孩子表达坏脾气，承认他们拥有负面情绪的权力；尊重孩子的"自我"，不能总是依照我们的想法让孩子顺从地"听话"；坚持家长自身的底线，不能因宠溺孩子而盲目包庇……这些都是界限清晰且民主宽容的做法，让孩子在人际关系中知道分寸，在个人空间中对自己负责。

相反，家长界限模糊：放任孩子随便拿不属于自己的东西；逼迫孩子放弃自己的物品给予同伴；对于孩子的物品，像绘本、玩具、食物等，家长会随意拿走或吃掉，也没有在之前询问孩子的意愿……这些都不能建立孩子的物权安全感，他们并不能明确什么是"我的"，从而无法保护自己。

逐渐地，他们失去了正确的主人意识，会认为：强行得到不属于自己的东西是一种非常正常的社交手段。等到孩子3~7岁，就会顺理成章地形成抢别人物品的行为了

所以，当孩子步入幼儿园后，出现爱抢占别人玩具的行为，我们并不认为孩子是小气自私，而是物权安全感匮乏的一种外在表现，在曾经的物权敏感期内家长没有抓住这一教育契机。很明显，这个时候家长加强孩子"物品所有权"的观念就显得特别重要了，同时，还需要以下的引导方法：

引导孩子有礼貌地询问、交换和道歉

在家里，家长必须时刻跟孩子明确什么是他的，对于这些

东西他拥有绝对的权利；什么不是他的，对于哪些东西他要问过物品的主人才能拿。

家长让孩子练习说这些话：

"请问可以借我玩一下吗？我等会儿还给你，谢谢。"

"请问我可以跟你一起看吗？谢谢。"

家长要让孩子知道，这样说才是尊重他人和获取他人的同意。同时，家长也需要帮助孩子形成正确的是非观念：如果对方不愿意或者拒绝，那就不该拿。

家长可以利用情景扮演来深入练习。像孩子正在看书，家长问："宝贝，请问你可以把这本书借给我看看吗？"如果孩子愿意，家长立即回应："太感谢你啦，等一会儿我看完就还给你。"过了一会儿，家长按照承诺把书还给孩子；如果孩子不愿意，家长则不再打扰。家长示范的目的是要让孩子明白，如果希望借用他人的东西，是必须通过有礼貌的沟通来实现的，而并非抢占。

除了情景扮演，在日常生活中也可以适当地引导孩子。例如，当孩子在家里随意拿了妈妈的物品时，像手提包、手机、笔记本等，家长可以这样说："这是我的东西，你要问过妈妈的意见才能够拿哦。"当孩子学会询问之后，家长可以尝试同意或者不同意，让孩子明白当他人同意后才能拿，若他人不同意，是绝对不能拿的。

如果妈妈不同意，孩子还是拿了妈妈的东西，那么家长可以引导孩子负责任，让孩子物归原主，并示范如何跟他人道歉，练习以下的话语："对不起。""是我不好，没有经过你的同意就拿了你的东西，现在还给你。"

更深入地，家长向孩子提问："你将东西还给我并道歉，你的做法很正确，但是还可以用什么方法让我乐意把物品借给你呢？"我们引发孩子思考，让他想出更多正确的方法来获取自己所需。除了孩子想方法，家长也可以引导孩子学会利用自己的物品来跟他人交换，让孩子掌握这样的说法："我的玩具很好玩，我可以跟你交换吗？玩完再调换过来。"

当然，家长尽可能多次让孩子成功交换，目的是告诉孩子，交换是解决类似问题的好方法。但是，家长也要间隔着不同意交换，目的是告诉孩子，别人的东西不能勉强，要接受别人的拒绝。

在真实的社交实践上，家长可以帮孩子一把，当碰到孩子因抢占别人的玩具而引起冲突时，可以鼓励甚至陪孩子一起归还和弥补，并引导他主动道歉。接着，提醒孩子下一步解决冲突的方法，可以用上在家里练习的询问方法。如果孩子被拒绝了，让他尝试拿自己的玩具去交换。假如交换依旧不可行，那么家长可以安抚孩子，告诉他被拒绝很正常，就和他自己有时候也不愿意跟别人分享是一样的。家长以这样的引导方式慢慢培养孩子抗挫折、理解他人的好品质。

其中，家长最不妥的做法就是，为了制止孩子抢占他人的东西，特意欺骗孩子以求息事宁人，说："好了，你不要再抢了，我给你买一个就好了！"但是事后又没有兑现承诺，这样孩子下一次就更会以抢占的方式来满足自己了。

引导孩子学会耐心等待

首先，家长要理解孩子自身的思维，孩子的思维与成人是截然不同的。当一个孩子看到喜欢的玩具就立刻出手去抢时，其实在他的意识里只存在目标物，而完全忽略了他人的存在和其他代替品。

家长重点要做的，是让孩子学习如何等待，让他们思考除了自己想要的物品之外，还有什么其他东西是能让自己满足的，从而不执着于占有原来的目标物。

例如，孩子想抢哥哥手上的蜡笔，家长可以这样说："哥哥正在用紫色的蜡笔，如果你也想要，你要问他用完后是否可以给你用。在等待的过程中，你可以尝试一下青色的、红色的、黄色的蜡笔，效果也一样好啊！"接着，家长拿起其他颜色的蜡笔开心地画起来，并流露出一副满意的样子。家长旨在让孩子明白除了目标物以外的东西也一样好。

又如，孩子想抢小伙伴的篮球时，家长可以这样说："小朋友正在拍篮球，如果你也想玩，就要问他拍完后愿不愿意给你玩。在等他的时候，我们可以围着操场跑一圈，赛跑也非常好玩！要不我们来试试？"接着，家长像进入比赛状态那般兴奋地拉着孩子的小手跑起来。家长旨在让孩子懂得除了篮球以外还有更有趣的东西。

其次，家长需要灌输一个重要的概念给孩子：等待并不是什么无聊的东西，而是能让自己获得更多从未体验过的玩耍的机会。家长可以见缝插针地让孩子学会把"无聊时光"变成自己期待的"玩耍时光"。

例如，我们在商店排队付款、在餐厅等待上菜、在剧场等待剧目上演等，凡是涉及等待的场合都能考验孩子的耐性。当孩子着急时，家长要鼓励他们积极思考各种有趣的玩意，又或者跟孩子一起创作小游戏，让消极的等待变成积极等待，远离枯燥。

我们先玩变手游戏，再玩猜拳游戏，接着从手提包里找到几张纸，跟孩子练习折小船、青蛙、小鱼，并利用这些角色创作一个又一个有意思的场景、故事出来；我们还可以玩组词游戏，一方随意说出一个词，另一方要说出另一个词，它的词首要跟刚给出的词的词尾相连，像"房子–子弹–弹弹床–床垫……"我们还可以说出一个故事的2/3，再让孩子继续编下去，过程中互相设置问题让对方作答，看谁能胜出。

这样，等待时光对于孩子来说就变得更有趣了，孩子甚至会爱上等待，随时邀约你跟他一起等待。重点是家长能在不知不觉中锻炼孩子的耐性。

这里要注意的是，家长在等待的过程中不要比孩子更加烦躁，在自己还没有静下心的时候就要求孩子比自己更有定力。事实上，家长快乐积极等待的示范，才是培养孩子耐心的源头。

最后，家长千万不要害怕跟孩子说"等一等"。这里的"等一等"绝对不是家长蓄意制造逆境来让孩子感受挫败，而是自然而然顺应情境的"等一等"。

例如，当我们正在厨房忙活时，孩子需要协助开启电器，家长可以说："好的，请等一等，要不牛肉要烧焦了。"又如，当我们正在洗澡时，孩子需要听故事，家长可以说："好的，等妈妈洗完出来给你讲。"也就是说，只要我们用平常心去尊重一切的自然等待，不为孩子的急躁而着急、迁就，那么就足以让孩子懂得有些事情的确是需要"等一等"的，不需要抢先争取，结果也同样能让自己满意。

上述所有的引导技巧，都是合乎孩子身心健康发展的需要，既能让孩子平稳地纠正社交中的抢占行为，尊重社交领域的规则，厘清"我和他人"的物权关系，又能给予孩子成长空间，获得通向目标的自我意识践行。

家长问题

我家孩子一旦得不到别人的东西，就会偷，我发现她偷的都是一些非常漂亮精美的玩具。每次被我识破后，她总会矢口否认。我很担心孩子在道德上有问题，请问我该如何帮助孩子纠正这个不好的习惯呢？

扫音频，听答案！

2.如何引导爱控制同伴的孩子?

思思是个活泼的孩子,但是她在幼儿园里很喜欢控制同伴。

例如,思思看到地上有积木,她会跟路过的同学说:"你快把积木捡起来!"如果小伙伴不愿意捡,思思就会威胁道:"你敢不捡,我以后就不跟你玩!我叫大伙也不跟你玩!我还会告诉老师你乱丢东西!"

正因为思思经常控制他人,所以特别容易跟大伙发生口角或者肢体冲突,但思思对于自己的做法感到很满足。久而久之,小朋友们对思思感到厌恶,甚至刻意回避。

在我的咨询案例中,有很多家长反映,如果孩子顽皮任性、爱打闹,那还是能够接受的,但是孩子爱控制同伴并给他人制造痛苦,而孩子的快乐恰恰建立在这种痛苦之上,那么家长对此会感到特别羞愧和窘迫。

其实,出现这种情况的孩子一般有两种原因:

1.以社交控制感来弥补没有被满足的权力需求

下面,我直接代入孩子的角色、以第一人称来阐述"孩子是如何一步步爱上社交控制"的,相信这样的方式家长们能够更好地理解。

"我"的故事是这样的:当上了幼儿园后,我在努力寻找自己的空间与突破,最爱说的就是"不""让我来""听我说"，可惜爸妈不允许我拒绝，不支持我尝试新事物，我的话他们也听不进去，我做了很多不愿意做的事情。

因为在爸妈面前根本没有自己说了算的空间，我决定要寻找一个能满足自己实施控制权的小团体。幸运地，我发觉在班上命令同伴能够让平时在家里的压抑情绪瞬间消失，更重要的是，同伴会害怕我、奉承我，我获得了前所未有的优越感和满足感。所以，我爱控制他们，甚至威胁他们，这样我很痛快。

以上就是"我"的故事，家长能否明白：其实每个孩子都有对控制权的本能渴望，但是如果家长没有满足他们基本的权力需求，那么孩子必定会寻求另一个能够满足自己的场所。

当社交控制权对自己的精神安抚很管用时，这种"非得要同伴服从自己"的行为就直接发展成为孩子个性中的一部分了。

2.曾经有过被控制的经历

我邀请家长先来品读一个西班牙戏剧故事，故事是这样的：

一位国王听到一个预言，预示他的儿子将成为一名残暴的君王。大臣向国王施压，让他杀死王子，国王心有不忍，只好把王子锁进了地牢，严密监控王子。后来有人说预言有误，王子不会成为残暴的君王。于是，国王决定释放王子并让他登上王位。但是，这位王子确实非常残暴，应验了预言，国王非常震惊，让人再次把他送回地牢。

这个故事说明了：受过高度控制的孩子，在有条件的情况下，就会抓住机会报复，实施高度控制。

道理都是一样，那些从小到大被欺负，心理创伤未能痊愈的孩子，或者从小看到家庭成员相互不尊重、斥责的孩子，又或者承担起父母"出气筒"功能的孩子，他们到了幼儿园后很有可能会延续这种爱控制他人的作风与行为，而且认为这是一件正常不过的事情，甚至为自己能施展权威而感到自豪。

实际上，这些孩子是受害者，他们在潜意识中想方设法摆脱内心的痛苦和压抑，把这种负面情绪发泄到一定的目标物上：比他胆怯弱小的同伴。

那么，家长究竟应该如何应对呢？

尊重与宽容

家长要尊重、宽容孩子去成为他自己，创造能够让他们表达真实自我的自由空间，避免操纵。

家长不要把孩子的粗鲁行为视为无可救药，而是试图让他们说出埋在心底的动机，然后帮助他们正确地实现；家长不要把孩子的执着态度视为任性无礼，而是尽量让他们说出对事物的独特理解，然后支持他们的坚持。

要做到这些，家长需要学会问自己以下几个问题：

（1）我这样做是否能让孩子感觉到彼此是平等的？

（2）我这样做是否能让孩子得到绝对的尊重和爱护？

（3）我这样做是否体现了孩子真实的感受？

（4）我这样做能否凸显孩子的自我价值感？

　　当家长真正从孩子的内心出发，孩子也会跟我们一样对他人尊重、宽容。被爱包围的孩子更具备内在和谐有序的状态，从而从根本上与他人建立融洽亲厚的关系，而非由控制所产生的矛盾关系。

　　另外，平时家长需要跟孩子建立同等的对话机制。

　　其实成人与孩子之间的对话遍布了冲突：家长在体形上、掌控能力上、社会经验上都以压倒性的优势支配孩子，有时会用命令的方式指挥孩子，结果我们的对话过程是由上而下，而非探讨的。所以久而久之，家长的不当表达会让孩子认为我们没有关注他们真实的想法，自己只是"被父母牵着鼻子走"。

　　家长要把"我认为你……这样才对"的强制型句式改为"你认为呢？你说说你的看法吧。"

　　家长要把"我已经告诉你很多次了，你这样会……"的经验型句式改为"你这样做很有想法，妈妈很佩服，你认为还可以用什么方法来让结果更棒呢？"

　　家长要把"你的想法真棒！"的敷衍型句式改为"你的想法比之前的要成熟和创新，说明你很努力地思考了。"

　　家长要把句子中"不可以""不好""不行"的否定性词语改为"可以""好""行"的肯定性词语。例如，孩子跟妈妈说："我不做手工了，我要玩！"妈妈很严厉地说："不可以！"那么孩子容易一肚子委屈，而应该说："好，没问题，你把剩下的手工做完，就可以去楼下玩了！"

　　家长要把句子中"太让我失望了"的批评式语句改为"怎么可能"的鼓励式语句。例如，孩子不收拾地上乱七八糟的书，妈妈说："你的书全都没放好，太让我失望了！"而应该改为："你的自理能力从小就很强，我是知道的，现在这几本书，你怎么可能不会放好呢？"

　　日常家长能平等地看待孩子，就是给他们带来安全感、稳定感，在这种美好愉悦的氛围里生活的孩子，是不会以控制同伴来满足自己的。

帮助孩子学习共情

　　对于处理同伴之间的关系，如果家长刻意训练和鼓励孩子共情他人，那么这种能力是可以习得的。

　　当孩子控制别人时，家长可以向孩子提问："如果别人这样对你，你会怎么想？"或者"如果你像他那样伤心，什么能让你好受一些？"家长也可以向孩子提意见："你看他真的很伤心，我们拿个玩具过去哄哄他吧。"或者说："请你认真听他说话，他说他不想你这样对他。"然后，我们教孩子真诚地修复关系，让他掌握一系列礼貌用语，像"对不起""很抱歉""我下次不会了"，旨在从平和的沟通中感受与他人的平等，从他人的反馈中获得认同。

　　平时，家长可以见缝插针地引导孩子共情。家长多跟孩子讲讲家人或朋友发生了什么事，然后启发孩子，问："你认为当时叔叔是什么感受？"也可以挑选从图书或电视中看到的故事，问孩子："你认为主角当时是怎样思考的，他希望得到什么，他的心情是怎样的？你是如何获知的？"如果孩子回应得不准确，家长可以向孩子示范，告诉孩子我们自己所理解的感受，并深入地解释清楚。

孩子在共情他人的同时，其实也在认识自我，提升自我意识，从而消除负面情绪，获得与他人和谐相处的力量。

尊重孩子愤怒的权利

爱控制同伴的孩子内心往往带有愤怒。他们需要控制别人才能得到宣泄，精神才能得到满足。在操控别人的时候，他们得以逃避痛苦，找到了一种病态的安全感和成就感，所以他们很容易对控制别人这一行为上瘾。

但是，当孩子知道如何表达和宣泄愤怒时，他们就不会以控制他人来作为唯一的救命稻草了。

日常，当孩子愤怒时，家长千万不要将其视为洪水猛兽，而是首先需要把愤怒的权利和行为分开来看。愤怒是孩子自我肯定的表示，说明他有勇气表达自己的想法，但是由于孩子的行为能力有限，他们通常用不恰当的方式行使自己愤怒的权利。

家长用眼神和语言帮助孩子确认愤怒的权利和情绪状态，蹲下来，用平静的眼神看着孩子，也鼓励孩子看着自己，温和地说："你是不是生气了？""看得出来你愤怒了。"这时，孩子能感受到家长在理解、认可自己的愤怒，这些都有助于减少愤怒的行为。

然后家长鼓励孩子说出愤怒，如果孩子一时半刻不能表达，可以由家长代孩子说："你非常生气和伤心，因为他拿了你的玩具车，对吗？"家长让孩子学着说。当孩子说出愤怒后，家长可以这样回应："我知道你很难过，如果是我，我也会不开心，我们一起来想想办法吧。"接着，家长让孩子积极动脑筋想办法解决，然后我们再给出建议或者作出示范，旨在理性地智慧地共同努力解决问题。

家长这样做是让孩子知道愤怒是一种正常的情绪，我们绝对能够以表达和解决的方式来安全运作，而并非以控制别人来泄愤。

最后，要说明的是：表面上，孩子控制他人是他人的阴影，实质上，是自己的噩梦；表面上，孩子控制他人是对对方意志的绞杀，实质上，是对自己意志的失控。家长完全不需要为孩子的行为感到羞愧和窘迫，而应该为他们失序的内心提供精神满足与悦纳感，要真正看得见他们。

☁ 家长问题

我总会用"你应该……不应该……"的句式命令孩子，一生气就会涌出很多负面恶毒的话，所以我跟孩子的关系很差，他也会学着我的样子对待同伴。虽然我会反思和后悔，但是家里的事

扫音频，听答案！

一忙我就又开始烦恼，我总是不能控制自己，怎么办？

3.如何引导爱惩罚同伴的孩子？

在幼儿园里，哲哲爱对小伙伴推搡拉扯，每当老师问他原因时，他都会说："因为他没有排队！我要惩罚他！"还有好几次，哲哲开水龙头把水往小伙伴身上泼，老师问他原因，他义正词严地说："他上完厕所没有冲水，要受到惩罚！"哲哲留意到有小伙伴没有按照园规穿小白鞋，就会扯着他走出教室，嘴里念着："到外面罚站去！"

哲哲的暴力行为让他的人缘变得很差，大家几乎都不喜欢接近他。

据多年观察，我发现，有些家长内心对孩子的"号令天下""气势汹汹"感到自豪，尽管嘴上没有说，但是从那欣慰、喜悦的神情中看得出，他们把孩子"牵着别人的鼻子走"看作是"领导力""正义感"了。这种默认与支持就是孩子爱惩罚他人的滥觞。

真正的领导与正义，并非"颐指气使""显摆正义"，而在于孩子必须首先学会看见自己、控制情绪、理解他人，只有做到"自我领导""自我正义"，才能逐步进阶为"领导他人""彰显正义"。

另外，还有以下两点原因也会导致孩子特别爱惩罚同伴。

1.孩子的是非观有别于成人的是非观

科学家研究发现，孩子从两个月开始就建立是非观，对外界的人和事物有基本观察与初始认识了。但是，孩子眼里的对错标准跟成人的是完全不一样的。

3~7岁的孩子看待事情非常简单，对是非的判断仍然处在原始状态，非黑即白，他们从来不会思考过程和原因，只会认知结果。

举个例子，A跟B交换玩具，A开开心心地拿着B的玩具回家，路上遇上了同班同学C，C会认为A拿了B的玩具，不问自取，要求A立刻还给B，也就是说，C不会思考A是否跟B交换了玩具，也不会思考B是否送了玩具给A，而只会认为玩具在A手上就是不可以的、不对的。

就像哲哲那样，他要处罚插队的、没有冲厕所的、没有按园规穿小白鞋的小伙伴，是不会思考对方有什么原因或苦衷，而是直接认为这位同学的做法是不对的，必须要受到处罚。

2.孩子会模仿成人的权威行为，再内化为自己的行为

下面，咱们做个简单的小观察。

当玩过家家时，请家长认真观察孩子最喜欢扮演什么角色。对于男孩子，他们喜欢扮演爸爸多一些还是弟弟多一些？对于女孩子，她们喜欢扮演妈妈多一些还是妹妹多一些？一般来说，男孩子更倾向于扮演爸爸，女孩子更倾向于扮演妈妈。

当玩上课游戏时，请家长仔细观察，孩子要求扮演老师多一些还是要求扮演学生多一些？如果这个游戏有许多孩子参与，孩子争着要当的最多的是什么角色？一般来说，孩子们更愿意扮演老师。

事实上，孩子都喜欢模仿那些在他们心目中是高大形象的角色，如父母、老师。而且孩子的解决问题方式也与他们的作风有高度联系。

就像哲哲，他对同伴的惩罚是一种模仿成人权威的行为，但是由于认知能力、推理能力、解决问题能力有限，便演化为带有偏差性的暴力手段，最终得到了破坏性的结果。

但话又说回来，从孩子惩罚同伴的行为中可以看出，孩子思维活跃、爱动脑筋、善于观察和表达观点，更重要的是他们有一颗勇于纠正他人不良行为的心。所以，这类孩子本质上并不坏，家长需要有针对性地采取正确的应对方法。

有技巧地满足孩子对权威的实践

我们需要建立与孩子之间的平等模式，尊重他们所向往的权威与控制，适当地满足并给予艺术的引导：

首先，家长给孩子一个"间谍"身份，让他完成"神秘任务"，就是在日常观察和记录同学的不当行为，规则是自己不动手，仅写或画在笔记本上，如果当时动了手，就会被取消

"间谍"身份，不能再享有履行"神秘任务"的资格了；接着，家长让孩子记录之后回家告诉自己，一起讨论事件的经过；过了一大段时间后，当孩子基本能把"神秘任务"完成好时，家长就让孩子记录自己的过错，告诉他身为监督者，一定要严格以身作则，如果有犯错，也要公正严明地记录下来。

在这整个过程中，家长要循序渐进、抱着玩游戏的心态配合孩子完成"神秘任务"。这样既能满足孩子对权威的实践，也能引导孩子把纠正别人的错误转移到自我审视与控制上。

同时在家中，家长在不涉及安全、道德、环保的底线下，尽量放手让孩子成为一名"管理者"来决策家庭事务，体现自我感和掌控感。例如，一家人晚餐吃什么菜、以什么方式做菜、从哪里购买等都让孩子决定；对于周末一家人的旅游地、路线、行程安排和入住计划，家长大可以听从孩子的指挥；家庭会议什么时候开、以什么形式开、谈论哪方面内容，家长也可以随着孩子的想法来进行。

对于孩子自身的事情像穿什么衣服回幼儿园、读哪些绘本、交些什么朋友、如何布置自己的书房等，家长要信任孩子的感觉和判断，鼓励和支持他们的决定，而千万不要支配摆布。例如，孩子自己挑选第二天穿的衣服，妈妈说："不用挑了，你挑也不合适，我帮你挑了。"又如，孩子说下周幼儿园就要放假了，妈妈说："我怎么没听说过？你瞎编，我去问问老师。"这些都等于直接告诉了孩子你没本事，妈妈对你没信心、不信任。

在幼儿园里，家长也可以针对性地跟幼儿园老师商量，让孩子担任班长或组长的角色，这样的好处是：（1）孩子被赋予权威的角色，满足了欲望，从而不会终日想方设法来体验权威，改为依靠正当手段去履行权利和解决问题；（2）实践权威能让孩子纠正自己的行为，促使孩子以好榜样的角色行走于集体当中，从而自然地学会控制自己的行为，积极思考方法来解决社交问题。

正面对待犯错的孩子，杜绝暴力行为

孩子有能力把观察到的各种行为串联起来并形成系列模仿，所以家长要注意在日常的大小事中作出良好的示范行为，千万不要打或体罚孩子，这样更会激发他们用同样的暴力方式转移到同伴身上。

尤其当孩子犯错时，家长更应该展示出自己的智慧与体面，家长可以这样做：

1.耐心沟通

首先，家长要倾听孩子对犯错的描述，沟通事情发生的根源和经过；其次，不评论孩子所说的，用重复他的话语或"是吗""然后呢"来鼓励孩子尽量把感受都说出来；再次，帮孩子总结刚说的感受和看法；然后，提问孩子对于这件事更恰当的解决方法，即使他们说得不对，也不做评论，可以记录下来，以表家长在认真倾听，同时家长也提出自己的解决方法；

最后，共同商量最可行的解决方法，去除不可行的。

以哲哲为例。

家长可以这样问哲哲："今天你在排队时把一位同学推倒在地上了，能告诉妈妈这是怎么回事吗？"当孩子回答了他自己的所作所为和感受时，家长说："妈妈明白你的心情，你认为他不遵守纪律，是错误的行为，你为此而愤怒，对吗？"家长这样问，孩子能感受到家长是站在自己的角度来思考问题的，接着家长说："你觉得你这样做双方会高兴吗？你能想到更好的办法来解决这个问题吗？"

家长引导哲哲认识到之前做法的错误，重新思考更恰当的解决方法并说出来，然后自己也提出建议，最后把双方各种各样的答案汇集起来，用笔和纸罗列出来：我可以走过去跟那个小朋友说不能插队，或者我可以直接大声告诉他注意插队的行为，或者我大喊"老师来啦"，让插队的孩子知难而退，等等。最后，家长跟孩子商讨，挑选最可行的，淘汰不可行的。

2.正面强化

根据美国心理学家斯金纳的强化理论，家长需要强化孩子正确的一面，淡化错误的行为。当孩子做错事时，家长尽量一笑了之，宽容和理解，或者简单地提醒一两句就可以了，但是我们一看到孩子在这件事上做对了，就要立即表达出自己的喜悦和欣赏。

举个例子，妈妈手上拿着大包小包的重物，孩子丝毫不愿意帮忙，妈妈虽然很生气，但可以这样跟孩子说："你要是能想方设法帮帮妈妈，你将是一个非常贴心的好帮手。"妈妈与其责怪孩子"不关心妈妈"，倒不如强化孩子是一个"好帮手"，这样更能指明正确行动的方向、体现孩子的价值感和荣誉感。当下一次家长发现孩子稍微有主动帮助自己的念头或举动时，妈妈马上认可他说："你真能体谅妈妈，谢谢你的照顾！"

通过家长的耐心沟通与正面强化，孩子既能感受到我们的爱和信任，又能心服口服地把错误修正过来。以后，当孩子看到别人犯错时，也更容易学习到宽容与理解，灵活运用过往跟妈妈一起商讨过的解决方法，即使真的发生了冲突，孩子也会积极思考以温和的手法来化解双方矛盾，而非惩罚。

本质上，以上的纠正方法，都能促使孩子在自我世界里大放异彩，这是相当重要的。通过家长对孩子情绪和情感的支持和满足，孩子的自我才能确认和存在，他们根本不需要从同伴身上寻找慰藉和索取能量，最终从根源上杜绝惩罚同伴的行为。

家长问题

小区里有几个不懂礼貌的孩子，我家孩子是他们的跟屁虫，也喜欢模仿他们的不良行为，像惩罚、推搡、责骂他人。后来，我严禁孩子跟他们接触，但每次都不成功。请问，我怎么做才能让孩子远离他们？

扫音频，听答案！

预防冲突模式二：用爱心和礼仪，磨合矛盾关系

1.如何引导爱使用"暴力语言"的孩子?

风风上了中班后变得很没礼貌，经常对伙伴大声嚷"打死你""滚蛋""你是个大臭屁"之类的话，还乐此不疲。

有一次，风风妈带风风参加单位的集体旅行。在旅途中，风风总是骂一位同事的女儿："你怎么这么蠢！""你真垃圾。""我要打你的头！"风风妈每次都会严厉教训风风，风风却变本加厉，女孩只好向大人们哭诉，风风妈很是尴尬。

关于风风的问题，妈妈认为这种暴力语言会让他的人缘降至冰点，如果不严厉阻止的话，日后就难以守住道德的底线了。

关于风风的"暴力语言"，从表面上看，是不礼貌、不道德的，然而，从儿童心理学的角度来说，这绝对不能完全责怪孩子。

心理学家认为，正处于叛逆期的孩子能敏感地察觉身边有力量的东西，例如语言，如果它能够产生强有力的效果，或者能够直接把对方刺激得反应剧烈，如能让对方生气、沮丧、伤

心，那么孩子就会没轻重、快乐、持续地使用，希望体会语言所带来的影响，但他并不是真的想侮辱或伤害对方。

如果家长视之为洪水猛兽，特别反感和想方设法来阻止孩子，那么孩子就会认为这种语言就是一个强有力的能掌控他人情绪的工具，于是他们使用这种语言的次数就会变得更多，从中获取成就感、胜利感和满足感。

其实，3~7岁的孩子都爱使用不雅语言，即使不在家长面前说，一到同伴面前也会说，一是因为他们相互之间会观察模仿；二是他们会认为这样能拥有社会成员的融入感；三是他们更加倾向于在同龄人之间直接表达情绪和释放压力。只是有些孩子说得明显厉害一点，有些孩子收敛拘谨一点，有些孩子听了再过分的语言都毫不在乎，有些孩子却会敏感介意。

现在，请家长跟孩子做个小实验：

当跟孩子一起吃饭时，家长指着桌上的苦瓜，说："我告诉你一件事情，我好讨厌吃苦瓜！"然后，家长做出十分厌恶的表情，继续说，"如果有谁敢让我吃苦瓜，我就会生气得爆炸！"

好了，结果会是怎么样呢？我们的孩子会不停地让我们吃苦瓜！当孩子让我们吃苦瓜时，我们再表现得气急败坏的样子，说："不要！你这样我会很愤怒，再这样我就不理你！"这个时候，孩子会闭嘴吗？不会！他仍然会不停地让我们吃苦瓜，我们越生气，孩子催促的频率就越高，而且他说的时候会很开心，甚至之后每逢吃饭都会让我们吃苦瓜。

这个小实验是用来验证孩子对有力量话语的敏感性。我们发现，孩子最终会喜欢上和不断让我们吃苦瓜，因为孩子感觉到这样说话很有力量，家长听了后会有过激的反应。

家长再回过头来想想使用"暴力语言"的风风，他觉得这样说话很有力量，对方听后会大吃一惊，甚至会反过来骂自己，最终他会喜欢上和加强使用这种说法。从本质上来说，孩子让家长吃苦瓜和风风口出狂言是同一个道理，只是对于苦瓜，家长没有太大感觉，但对于不雅语言，会觉得不堪入耳、难以接受而已。

所以，孩子并非真的使用什么"暴力语言"，而是他们这个年龄段对语言敏感察觉并运用的正常表现。当明白其中的原因后，相信家长对于应对的方法也会逐渐明朗起来。

练习以幽默的语言化干戈为玉帛

家长非但不要阻止孩子使用"暴力语言"，还需要顺应他们让其发挥想象力和创造力使劲地"骂"。

在家里，当孩子每一次张口大骂"你是大蠢材""我要杀死你"时，家长装作生气地说："你要是敢骂我是'牛奶糖'，我就会更加生气！你千万不可以骂我是'牛奶糖'！"家长特意利用孩子的好奇心和逆反心理来转移他们骂人的焦点。

当家长特别强调不喜欢"牛奶糖"时，孩子就会"战略转移"，不再继续之前的"你是大蠢材""我要杀死你"，而是不停地"戳中要点"给予"致命一击"，喊："哈哈，你就是'牛奶糖'！'牛奶糖'！'牛奶糖'！"

然后，家长假装更加生气地说："你不要再叫我'牛奶糖'了！我不希望听到'牛奶糖'！"其实，家长是在加强孩子对"牛奶糖"的记忆，加深"牛奶糖"在孩子心目中的印象。结果，孩子会更兴奋地多次叫'牛奶糖'，而忘记之前的骂人词语。

当然了，家长还可以用另外一些好玩的词语，像"甜甜圈""西多士""梅菜扣肉"等，总之越有趣好玩、越不合乎常理、越不会用来修饰他人的词语就越要尽情用上。

那以后呢？当孩子骂同伴骂得火热时，很有可能会想起以幽默的"牛奶糖"来取代了。家长的目的，是让孩子习惯用一种创意好玩的词汇来代替不雅的语言，减少冲突，甚至化解双方在骂战中的坏情绪。

除了在家里，在外面当孩子张口骂同伴时，家长也不要禁止孩子，而是在他耳边假装生气地提醒他，说："小朋友也不喜欢你骂他是'牛奶糖'，你千万不要这样骂人哦！"同样地，孩子就会把之前骂人的语言通通都改为"牛奶糖"。

这时，双方对于之前的冲突会烟消云散，而同时沉浸于对骂"牛奶糖"之中，而且会很兴奋、开心，会创造更多的词汇，像"你就是个'西瓜籽'！""你就是个'葡萄干'！"等。这时候不要说冲突，双方很快就会打趣俏皮地说笑起来！

总之，无论孩子在家还是在外，家长都应适当地提醒他们这些幽默的词语。多次之后，孩子会形成条件反射，以幽默的词汇来代替让人伤心的语句，这样能扭转糟糕的结果，有效地避免和解决冲突。

扩大词汇量

很多时候，孩子骂人并不是期待有一个压倒性胜利的结果，而纯粹是享受骂人所带来的快感，让自己释放坏情绪。那么家长平时应该让孩子懂得如何正确地跟对方表达自己不满的心情。

家长可以让孩子多读图书以扩大词汇量，鼓励他们用适当的精确的词语来表达真实感受，从而避免出现不雅的词语，像"这只狐狸被偷了东西，它很愤怒！""这只乌龟输了比赛，感觉很沮丧！"

平时家长也可以做出示范，说："刚刚你不小心把我的手机弄湿了，我心里很难过！你以后一定要小心哦。""刚刚你这样说话让我很伤心，我难以接受，下次记得要换一种说法哦！"当家长从公司回来，身心劳累，我们可以这样说："我今天遇上了大塞车，情绪很烦躁，我想休息一下，请你先不要打扰我，让我静静。""我今天很忙，感觉像透不过气，我需要洗个热水澡！"

我们长期如此，孩子便能随时随地地学习，掌握大量表达内心不满的词汇，如"愤怒""气恼""悲伤""憎恶""憋闷""糟心""烦乱""悔恨""歉疚""彷徨""失落""心寒"等，并对其熟悉起来。

巧妙地限制使用

如果家长确实难以承受孩子的"暴力语言"，那么可以让他们在一定限度内使用这类话语。

家长可以跟孩子明确说："你这样说话会让同伴不高兴，大家不一定能接受，但是如果你真的想说，可以在家里说，离开家就要控制好了。"之后，家长按照所说的来执行，这样在一定程度上可以减少孩子在外面想骂人的情绪。

另外，美国临床心理学家、《游戏力》的作者劳伦斯·科恩博士曾发明一个小游戏，那就是让孩子在玩游戏的时限内骂家长，家长就故意放低自己的姿态，假装哀求孩子不要再骂了，这个时候孩子就会特别开心。这样做的目的是用玩笑的方式来消除孩子日常对他人的愤怒，满足孩子对语言的探索欲，把在现实中的言行引向正途。

创造文明的语言环境

家长的言行是孩子的"标杆"。"野蛮产生野蛮"，如果家长本来就会说骂人的话，那么孩子通过观察模仿，最后这些话也会成为他们语言特征的一部分。家长也不要心存侥幸地认为自己偷偷地说这些话，孩子就不知道，实际上他们会很敏感地捕捉到，在无意识的状态下运用了起来。

如果家长的确说了类似的话，记得一定要自省，在事后道歉并解释，坦诚地跟孩子说："我说了不当的话，这是不对的，我要检讨，如果下一次生气，绝对不会再这样说。"

另外，家长应尽量杜绝孩子听到不雅语言的渠道，如有目的性地筛选动画和影视作品给孩子看，以及适当鼓励孩子多结交语言文明的伙伴。

总之，当我们看待3~7岁的孩子使用"暴力语言"时，应尽可能引导，这是我们现代高标准的家长特别需要的力量。让我们在事事讲求道德、准则和规范的社会中以简驭繁、远离焦虑，不要"一厢情愿"地刻意关联孩子未来的人格发展与人性品行上。

☁ 家长问题

孩子是奶奶带的，平时奶奶经常骂孩子，现在孩子也学着她的样子骂同学，更严重的是现在孩子连奶奶也敢骂了。因为我得外出工作来支撑家庭开支，所以平常我也不能没有奶奶的帮忙。那么，在这种情况下，我该如何改变孩子呢？

扫音频，听答案！

2.如何引导因活跃而干扰同伴的孩子？

在幼儿园上课时，忠忠总是坐不住，会不停地跟同学说话，于是被老师安排坐在第一排，但忠忠的问题依然存在，在老师的眼皮下抓同学的衣服，拉同学的辫子，戳同学的小脸蛋。因此，忠忠妈妈经常接到老师和其他家长的投诉，批评忠忠的纪律差。虽然妈妈了解忠忠很有活力和创造力，但她也为孩子在集体中爱干扰别人而感到失落。

像忠忠这类因活跃而干扰同伴的孩子，难道真的是成人所认为的纪律差吗？从孩子的角度来讲，并非如此！

美国精神病学家托马斯和切斯经过长期研究，把孩子的性格分为：活泼型、专注型、均衡型、敏感型。忠忠明显是属于活泼型的，而活泼型孩子一般精力充沛、情绪易激动、注意力容易分散、反应快、心境切换强烈。容易干扰他人的大多也就是这类孩子。

很多家长会认为这是孩子的错，实际上是我们大错特错。因为活泼型的孩子与生俱来就需要强烈地表达内心，只是家长和老师因为不理解、难以管理、消耗过多精力和时间等原因而不愿意接受而已，如果毫无技巧地让这些孩子遵守纪律，那么他们的焦虑和无助感就会"爆表"。

现在暂时卖个关子，请家长们跟着我的步伐来了解一个现象。

相信大家都参加过育儿讲座吧？等到讲座的最后，一般会有"家长提问，老师作答"的环节。我们发现，往往会有提出

"如何应对我家熊孩子"的家长，也有提出"如何应对我家怯懦的孩子"的家长，而大多数的情况是，前者会更加抓紧机会和在靠前的时间段急忙发言和提问，后者会更加倾向于等在场所有人把问题都问完了才慢慢发言和提问。

这个现象说明什么呢？孩子和家长的状态基本上是一致的，也就是说，家长活跃，孩子也活跃，家长内敛，孩子也内敛。我们认为，孩子的活跃是天生的，具有遗传性。所以，当我们看待因活跃而干扰同伴的孩子时，要清楚他们并非什么纪律差，而是天性的发挥而已。

那么，家长只能尊重天性而放任不管吗？当然不是，是我们一定要在尊重孩子本身活跃的基础上引导他养成良好的行为习惯。也就是说，家长要接纳孩子活跃的同时，也要让他们懂得尊重不同人的需求。

如果家长能有足够的耐心引导他们把精力更好地转化为智慧，那么他们的成绩必定是不可估量的。像影视明星金凯利、舞蹈家吉利安等，他们都是通过后天的不断努力，最终成为各自领域的神话。

其实，活跃的孩子就像射程远、速度快、杀伤破坏性大的导弹，他们需要大面积的活动覆盖面、集群的作战模式、复杂多变的打击任务来生存，致使他们容易干扰他人而产生语言肢体的冲突。所以，家长要读懂这类孩子，并且帮助这些导弹在标准射程内"大展拳脚"，充分发挥实力和潜能。

玩"一直不停"游戏

3~7岁的孩子都是逆反的，家长越是阻止他们，他们就越要做，但是一旦全放手支持他们做，他们就不感兴趣了。那么，家长可以利用这个特点，在平时跟孩子玩这样一个游戏。

对于说太多话而干扰同伴的孩子，家长可以这样跟孩子说："我想邀请你做我的贴身讲解员好吗？今天你一直跟着我，不停地大声说话给我听，是随时随地的哦，你愿意吗？"因为孩子一向在家或幼儿园里都不被允许这样说话，以防干扰到他人，现在反过来要一直不停地说话，孩子就会很不适应。

对于过分好动而干扰同伴的孩子，家长可以这样跟孩子说："我想邀请你做我的贴身保镖好吗？今天你一直跟着我，不停地在我身边以你有力夸张的姿态把坏人赶走，而且要随时随地做大动作，一整天都是如此，你愿意吗？"因为孩子一向在家或幼儿园里都不被允许以过分活跃的动作示人，现在反过来要一直不停地好动起来，孩子肯定会很惊讶。

而事实上，孩子哪能一直不停地说话和做大动作呢？当孩子停顿时，家长仍然让他说或者让他做，不让他停歇，多次之后，孩子自然就不愿意说或者不再做了，这个时候就是家长引导孩子正确控制自己语言或行为的好时机了。家长可以这样说："宝贝，其实我们这样说话（做），是需要停顿一下的，是需要休息的，趁这个时候，我们就要想想究竟别人喜不喜欢我们这样说（做），我们的话语（动作）是否阻碍了别人。"

家长这样做是让孩子亲身体验到，当尽情去说话或者做自己希望做的事情时，是需要停下来去思考如何才不会干扰他人。

家长可以在孩子略有所思的时候，继续引导孩子："我知道你很活跃，我小时候也这样，但是在幼儿园里，如果因为我们的所作所为干扰了其他孩子搭积木、看书、玩游戏，同学会不会很伤心呢？如果当你上课听到有趣的知识时却被干扰了，你会不会很生气呢？"接着，家长站在老师的角度引发孩子思考，问："老师上课挺辛苦的，如果我们不专心听讲，老师会不会很伤心呢？"家长循循善诱地让孩子逐步学会共情，久而久之，潜移默化地以同理心来抵消干扰他人的行为。

最后，家长让孩子适当地掌握一些道歉用语，例如"对不起""不好意思""我打扰了你，我很难过"等。家长做出示范，给孩子演示如何使用，例如，望着孩子的眼睛真诚地说出来，或者默默地握着他的手说出来。

给予更丰富的体验机会

孩子在同伴面前过于活跃，很大原因是他们平时能够活跃的机会实在太少了，未能满足他们的身体所需，所以家长需要创造更多空间与机会跟孩子一起活跃起来。

对于话太多的孩子，家长可以邀请他们参与"翻转式课堂"。

首先，家长和孩子共同商量一个感兴趣的话题，例如，"地球会被月亮吃掉吗？""大蒜能成为小白兔的食物吗？""仙人掌怎样才能生长在南极？"等。然后家长和孩子制订一个明确的讲课时间，如周五放学后17:00~17:40。旨在让孩子在一定的时限内就主题内容查阅资料、筛选信息、理清讲课逻辑与提纲、组织语言和练习说话技巧等。

在整个准备的过程里，家长一定要陪伴孩子完成，以孩子为主导，即使孩子希望自编不合乎常理的内容，也没关系。家长越是允许孩子天马行空、离奇古怪，不告诉他们标准答案，就越能突显孩子的思维能力、想象力，促使孩子爱上"翻转式课堂"并静下心来付诸努力。

到了约定的时间，家长邀请其他家庭成员扮演学生坐在台下，孩子则在台上以小老师的角色尽情发挥，孩子可以淋漓尽致、栩栩如生地讲课，也还可以一边板书一边解释，也可以向家长提问和接受家长提问。过程中即使孩子表达得并不完美，大家也要继续听下去，千万不要过多地点评或打断。

玩"翻转式课堂"的好处是：

（1）让孩子有机会在宽松的环境下充分地讨论与发言。

（2）让孩子明白不是所有时候都需要滔滔不绝的，像搜集资料、整理思路都是需要独立思考、安静耐心地做准备，否则就很有可能成为失败的小老师了。

（3）让孩子亲身体会到，当自己在台上说话时，学生在下面嬉皮笑脸、轻声细语，那么作为课堂的小主人就会很受伤，甚至是愤怒。

（4）通过备课、讲课让孩子体会到老师的辛苦，更加珍惜上课时间，懂得尊重和耐心倾听他人。

对过于好动的孩子，家长需要多带他们到户外进行亲子大运动。

家长跟孩子打篮球、踢足球、打羽毛球、滑雪、游泳；或者跟孩子比赛跑步、攀爬，看谁能更灵活快速地躲避固定障碍物；又或者跟孩子玩打架、拳击、击剑、相扑等游戏，过程中伴随着大声尖叫或吆喝声。这些运动既能让孩子开心地释放过剩的精力，又能让他们学会控制身体力量，有效帮助他们在日常生活中约束自己的行为。

在玩耍的过程中，双方可以尽情放开手脚活动的尺度、嬉戏声音的响亮度，让孩子充分体验不同力度、不同音量所带来的感受，并且意识到当与其他孩子接触时，手脚活动界限、音量界限应该在哪里。如果家长的力量、声量太过，让孩子感到不舒服，就要立即致歉，并减少力量和声量；如果孩子力量、声量太过，让家长感到不舒服，也要让孩子学会像家长那样减少力量和声量。

强化不打扰行为

对于孩子的社会性行为，家长需要把一贯的要求放低，如果发现孩子稍微有点进步，就积极表扬他们的正确行为，而不要仅仅盯着孩子的缺点。

例如，孩子能安静地等待我们把手头的工作完成，过程没有干扰，家长应该及时鼓励，说："妈妈注意到你在耐心地等待我，自己在一旁玩耍，你实在很有进步！谢谢你。"又例如，孩子能认真听小朋友说两三句话，并没有打扰，家长应该及时鼓励，说："妈妈注意到你很认真听大家说话，等大家把话说完了你才发表意见，你真是个有礼貌的孩子！"

家长的这些做法都是正强化，在塑造孩子行为的过程中起到重要作用。

一般来说，成人对待社交敏感的孩子，会循循善诱、宽容且理解，但是对待因活跃干扰同伴的孩子，会苛刻责骂、急躁厌烦，其实对于后者来说是不公平的，因为他们的活跃并不代表有强大的内心接纳成人的不接纳。从本质上来说，两者都是由于性格类型以及社交技能较弱所导致的。

其实，世界上根本不存在什么纪律差的孩子，只有对一体化、远离个性发展的规章制度过分偏执的父母。

家长问题

我女儿最近的行为很奇怪，老师反映，当班上的男孩子上厕所时，她特别喜欢站在旁边观看。她的这种状况是我万万没想到的……我很着急，该怎么办才好？

扫音频，听答案！

3.如何引导不打招呼的孩子?

小兰刚学会说话的时候,很喜欢叫人,可上了幼儿园后,就金口难开了,同伴们高声跟她打招呼,她不是东张西望就是转身就走。妈妈批评说:"同学们在叫你,你不能这么没礼貌!"小兰就是嘟着嘴不打招呼,妈妈很担忧孩子的内敛会影响到她的社交生活。

心理学家认为,孩子随着年龄的增长,精神和意识会有突飞猛进的发展,在这个过程中他们会变得更加独立、与他人有界限感,表现为我们俗话所说的紧张、腼腆。

我们可以反过来想想自己,如果单位让我们当众作一场述职,是不是会感到压力很大、害怕被笑话,甚至希望逃避挑战呢?

从心理学的角度来说,这种压迫感是一种情绪,是由于我们过度关注自我表现所引起的,在潜意识里我们会不停地问自己"我表现得好不好",同时也会猜测"我的表现能否满足他人的要求"。

以下是我们的内心想法:我能否满足领导的期待?台下的同事对我的表现满不满意?单位里面经常说我坏话的那些人会不会趁机挑刺?除了这些,我们内心还会有一个自卑的声音来警示自己,"我很有可能会搞砸""我很有可能成为笑柄"等。

通过我们的想法，再回过头来想想不打招呼的孩子，就能明白到：小兰不打招呼的心理状态跟上述成人的心理状态是一模一样的。因为被要求打招呼，这股力量打破了小兰内心的平衡，导致她感到紧张、压力大，更可能是脸红、冒冷汗、心慌等反应，最终不愿意打招呼。

以下是小兰的想法：我能否满足家长的期待？同伴对我的表现满不满意？家里面经常否定我的人和班里不喜欢我的小朋友会不会觉得我说得不好？除了这些，小兰内心还有一个自卑的声音来警示自己，"我很有可能会打不好招呼""我打招呼很有可能成为笑柄"等。

事实上，教育学家查尔莫斯早在1998年时就做了一个心理实验，证明孩子对于沟通的距离感比成人要敏感得多。也就是说，小兰的想法可能比我们所描述的更加复杂纷乱。

所以，孩子不打招呼的行为并非什么"没礼貌"，而是一个正常孩子成长的典型标志。在这个阶段里，一旦家长给孩子贴上"没礼貌"的标签，对他们责骂、批评、嫌弃，那么以后当孩子进入类似的环境时就会启动自我保护机制，用一种逃离的姿态来避免伤害，这就强化了孩子排斥打招呼的状态了。

那么，究竟我们该如何引导孩子心甘情愿地打招呼呢？

用有趣的方式代替打招呼

方式一：

孩子打招呼不一定要用嘴巴来说，还可以用点头、微笑、握手、拥抱等方式来表达。既然孩子认为开口打招呼有如身负千斤重，那么家长可以用轻松好玩、有创意的方式来代替，等孩子重新认识和定义打招呼之后，说不定就不再排斥开口打招呼了。

例如，前三天，家长鼓励孩子以微笑来跟同伴打招呼，第四至第六天，让孩子改为以点头来跟同伴打招呼，第六至第九天改为握手，循序渐进地，陆续更换几个好玩的打招呼方式。这样，家长不是能成功让孩子以自己喜爱的方式去打招呼了吗？

但是有两点要注意的是：第一，我们先让孩子跟自己喜欢的同伴打招呼，就是要按照孩子的选择来走；第二，当孩子接受有创意的打招呼方式时，家长千万不要感叹："通过我们的努力，你终于懂得打招呼了！"这样，只会让孩子恢复原来的排斥感，致使成果落空丧失。

方式二：

家长不需要让孩子打招呼，而是自己作为一个有趣的"介绍人"。

家长约上与孩子相熟的小伙伴，在见小伙伴之前，提醒孩子等会儿会玩一个"陌生人游戏"，就是你扮演的角色和小伙伴扮演的角色是互不相识的，妈妈作为"介绍人"，双方是不需要吱声的。

当孩子跟小伙伴见面时，家长扮作一本正经的样子对对方说："小华，这即将是你的朋友，小兰。"然后转向自己的孩子说："小兰，这是我们的朋友，小华。"

这个时候，孩子们肯定会忍不住笑出声，认为妈妈实在是太幽默了，孩子会很容易承接着这个"陌生人"角色进一步演绎下去，双方也会学着严肃的态度自我介绍起来，"你好，我是小兰，很高兴认识你。""你好，我是小华，很高兴认识你。"

久而久之，孩子就不会认为打招呼是枯燥的、高压的，而是一种游戏，甚至会要求妈妈多带他见朋友并玩"陌生人游戏"，好让自己跟朋友假装正式地介绍自己。

做游戏练习

在一定程度上，孩子不打招呼正是缺乏日常语言锻炼的体现。

我们要让孩子打招呼，最简单的就是在日常的游戏中反复使用"你好""再见""请""谢谢"等语言。家长可以借助动物玩偶或者布娃娃来让孩子打招呼，例如，一个场景中，里面的玩偶从来都不肯说"你好"和"再见"，现在邀请孩子来帮忙想办法，让它们变得更有礼貌；家长也可以跟孩子代入更接近真实情景的角色，让孩子扮演大哥哥，自己扮演小妹妹，让大哥哥教小妹妹如何打招呼，然后相互练习打招呼。这些都需要在心情愉悦、没有压力的状态下进行的。

家长还可以跟孩子一起玩"小老师"游戏，孩子对老师都是崇拜的，希望自己能当上老师，那么家长就配合当学生。我们提问，让"小老师"发号施令和解答问题，当"小老师"解答得很流畅时，学生一定要夸这个老师很负责任，很爱学生，给予肯定；当"小老师"的说法有错时，学生要耐心倾听，不要打击"小老师"的思考和积极性。在游戏过程中，家长可以扮演一些不爱打招呼或者不爱说话的学生，让"小老师"教导他如何说话，想办法为这个学生解决问题。

相反，日常最不妥当的做法就是家长对孩子包办代替。有时家长很了解孩子的需求，只要是孩子的一个小眼神、小动作就会心领神会，马上应要求给东西或者帮他完成事情，这样也会严重阻碍孩子表达能力的发展。而家长应该问问孩子："你想要什么呀？"让他自己把整个语句说出来，然后鼓励孩子凭借自己的努力完成。

理解和倾听，降低期待

家长需要深入了解孩子不打招呼的原因，并引导他们说出来，把心结解开。

首先，家长帮助孩子把感受说出来："这个同学你不太熟悉，他的热情让你有点紧张。""刚刚主动跟你打招呼的孩子，让你感到不知所措了。""你不太希望出错是吗？总会期待自己以更好的状态示人。"家长让孩子感受到自己是被支持和理解的。长期如此，在我们的协助之下，孩子也会逐渐把自己的真实想法说出来。当家长了解到孩子的内心秘密后，要坦诚表示会跟他一起努力面对并克服难题。

在整个过程中，家长要降低期待，多给一些空间让孩子去适应和尝试，增加鼓励和赞扬、认同和信任，不要随意批评"你就是不爱叫人""你的胆子太小了"，这些对于孩子来说都是成长的羁绊。我们越是帮助孩子减少压力，他们向前迈开的可能性就越大，逐渐地，孩子的行为和语言表达都会有明显的改善。

上述所有引导孩子打招呼的方法，基础皆在于孩子自愿向对方发出"我喜欢你"的信号，然而大多家长是以"让别人喜欢你"为出发点，这样的结果只会南辕北辙。孩子打招呼与否好比是一种产物，它有它产生的原理和途径，与品德好坏无关，却与周围的暗示和评价有关。

家长问题

最近，孩子在幼儿园里脾气特别大，一不如意，就大发雷霆。例如，他跟别人打招呼，对方没有回应，他会大发脾气；他把玩具送给了别人，后来自己忘了，以为玩具不见了，也会大发脾气；小朋友不小心把他的书包弄脏了一点，他又大发脾气……总之，芝麻绿豆的小事都会让他感到崩溃。

扫音频，听答案！

预防冲突模式三：做积极情绪的主人，快乐融入集体

1.如何引导不爱分享的孩子？

青青跟小伙伴们在大院里玩，青青妈妈拿着一盘刚切好的西瓜过来，要求青青把西瓜分给大家。青青连忙把盘子抢过来，大喊："不行，这是我们家的，分给他们我就没有啦！"妈妈不停地劝说："我平时是怎么教你的，记得要分享！"

小伙伴们都纷纷要求青青分享，有的甚至直接伸手去拿。青青眼看西瓜保不住了，哇哇地哭起来。妈妈急了，收起了西瓜。小伙伴们也只好没趣地离开了。

在幼儿园里，青青也一样不愿意分享。班上的孩子都在背后说她很小气，决定以后有什么好玩好吃的都不给青青。

也许家长会认为，因不愿意分享而影响社交的青青是心胸狭窄的，其实不然，孩子强烈地支配所属物，坚持自己对分享的选择，正是人类形成"自我"的最初体现。

我们成人经常摆在嘴边的"自我"是抽象的，然而它的雏形是具象的，那就是从小时候感觉"我的东西"开始，这是具体的"我的"，再随着年龄的增长进展到意识层面的"我

的"，这就是无形的"自我"。

也就是说，如果希望孩子日后能够拥有"自我"，家长就应该尊重孩子幼儿时期对"我的东西"的感受与支配。一旦我们在这个阶段里强行让孩子分享，不仅会切断孩子形成"自我"的链条，还会让孩子认为自己也可以强行得到别人的东西。这种做法会让孩子产生巨大的恐惧感和不安全感，因为成长规律被破坏了。

为了了解孩子的分享行为，现在邀请家长们做个简单的调查记录。在记录的过程中，家长要抛开"孩子不愿意分享"的成见，只以从现实生活中观察到的真实数据来分析。

首先，我们画出一个两列六行的表格（如下所示），每行作为一个单元进行比较：

调查记录表

与小朋友分享	与成人分享
与外面人分享	与家人分享
与陌生小孩分享	与熟悉小孩分享
上幼儿园前的分享	上幼儿园后的分享
全新玩具的分享	普通玩具的分享
分享行为的程度	分享观念的程度

然后，家长细心观察孩子一段时间，将每一行的左右事项进行比较，在孩子出现情况较多的那一项后面画"√"。

这个调查记录表能让家长更深入地了解孩子的"分享"与"不愿意分享"行为。一般来说，表格的第二列后面画"√"

的多。这是为什么呢？

原来，孩子并不是不爱分享，而是由于他们的心理发展水平有限，分享是有选择性的：与成人的分享比与小朋友的分享要多；与家人的分享比与外面人的分享要多；与熟悉小孩的分享比与陌生小孩的分享要多；上幼儿园后比上幼儿园前的分享要多；对普通玩具的分享比对全新玩具的分享要多；分享观念的程度比分享行为的程度更高。

家长眼看为实，通过这个调查记录，再回过头来想想孩子不爱分享的行为，就能明白，孩子并非因为小肚鸡肠不愿意分享，而是受到了该年龄段的心理发展限制，在局限的范畴内会乐于分享，有着个人分享的特定规律，而非"一刀切"的不分享。

而且，3~7岁孩子的分享行为有了质的跃升，比起3岁以前的孩子更愿意分享了，他们不再认为随着所属物的离开，自己就会失去主导权，但内心仍然没有踏实的安全感，所以他们还不能完全平等自愿地共享资源。

因此，我们应该给予孩子分享与不分享的自由，并利用一些生活经验来促进孩子自然而然地爱上分享。

玩角色扮演的分享游戏

如果我们希望孩子在社交中大方分享自己的玩具，那就是说要帮助他们建立起安全感，让他们明确对方会完整归还所属物的。在家里，家长需要创造类似的经验。

　　首先，家长跟孩子一起模拟场景，家长扮演孩子的同伴，让孩子来借玩具，家长可以这样说："这玩具是我的，我可以借给你玩，但不要弄坏哦。"然后把玩具递给孩子。

　　过了一会儿，家长问孩子："请你把玩具还给我吧。"如果孩子愿意还，那么这场角色扮演就到此结束了。但是如果孩子不愿意还，那么家长就说："如果你不还我，我有许多玩具，下次就不再借给你了。"或者说："我会告诉其他小朋友你不还我玩具，他们以后也不敢跟你玩了。"

　　我们跟孩子这样对话的目的是，让孩子知道作为物品的归属者，借出的东西是可以毫无缺损的，但是如果对方不还，我们也可以通过沟通来解决。这里要注意的是，家长需要引导孩子多思考几个方法来让对方归还，这样有利于孩子的安全感建立和总结解决方法。

　　其次，家长跟孩子调换身份，家长扮演向孩子借玩具的同伴，并承诺10分钟之后还给他，保证不会弄坏。当家长归还玩具时，要强调："现在还给你了，谢谢。"并且把自己的玩具分享给孩子。

　　这样的做法能让孩子明白，物品只是短时间离开自己一会儿，等一等就会回来，而且很有可能别人为了表示感谢，也会分享更好玩的东西给自己，这是一种互惠互利的行为。

　　家长也可以改变一下场景，旨在锻炼孩子解决冲突的能力。家长拿了孩子的玩具后不愿意归还，让孩子想办法去沟通。

　　如果孩子说："如果你不还我，我就告诉老师。"那么，家长就要装作很惊慌的样子，把物品迅速归还给他，让孩子明白这样的表达是可以解决冲突的。如果孩子说："你答应我的事情不能做到，你不再是我的好朋友！"家长就要装作很怕失去他这个朋友的样子，向孩子认错并归还玩具，让孩子明白这种手法也是可以的。

我们对孩子加强锻炼与增加经验，能有效地消除他们的戒心，更纯熟地与小伙伴分享，更有自信地解决各种问题。

提高分配能力

孩子拥有一定的分配能力，在生活中能自如地分配，这实质上促进了他们的分享行为，对人际关系有着实操性的意义。

例如，平时我们让孩子给爷爷奶奶、外公外婆、爸爸妈妈分西瓜，问问孩子分别分多少块，如果一开始孩子分配得不够准确，家长也要认可孩子，最终确保每个人都吃得到就行，逐渐地，再慢慢引导孩子平均分配。如果剩下的西瓜不够分，家长可以再问问孩子该怎么办，引导孩子再分出去，确保每个人都能吃到。

最后家长询问孩子的意见，按照你的分配方法，如果明天再买西瓜，需不需要买更大的或者买更小的。在分西瓜的过程中，如果孩子流露出自己不够吃的表情，家长不需要紧张，这些都是锻炼孩子的好机会。

除了分西瓜外，锻炼孩子分配能力的方式还有很多，像分配碗筷、分配饭菜、分配时间、分配零用钱等，家长可以让其贯穿于生活的各个角落。家长要表示欣赏孩子的分配行为，感谢他为大家所做的一切。

通过练习，当孩子有了对分配的认知和习惯后，就更能自如地调整分配额度，自主营造共享的愉悦氛围，自然也能更好地处理社交分享和解决分享所引起的冲突了。

不强调动作，只在乎感受

分享这个动作其实并不重要，过分强调只会带给孩子压抑、克制的感觉，而重要的是感受分享过程的愉悦、结果的共赢。

例如，孩子不给弟弟玩自己的气球，家长不要强求，可以首先让孩子思考如何做两人都能玩得开心，倾听后接着给予建议，可以这样说："你拍20下，再给弟弟拍20下，你俩轮着玩，这样大家不就开心了吗？"如果孩子愿意，我们要认同和支持，然后同时鼓励孩子自己负责做裁判，维持游戏的公平性，以表示对他的肯定和信赖。这种方式是让孩子知道，分享绝对不是奉献或牺牲，而是一种平等的共赢，是能够获取双方的信任和情谊的。

又如，平时当孩子贪玩穿上爸爸的外套，带上妈妈的手镯时，家长可以这样说："这是我的物品，我很愿意跟你分享。"当孩子归还时，家长接着说："分享是不是件很快乐的事呢？我感受到你和我都同样快乐。"这样，孩子就能慢慢明白分享实质是一种幸福的传递。

发挥家庭的榜样作用

平时在家里，家长可以在孩子面前主动分享。当妈妈吃牛排时分一半给爸爸，说："今天辛苦了，你多吃点。"当爸爸吃水果时也帮妈妈准备一份，说："你忙完工作记得过来一起吃。"接着，家长还可以示范给孩子看自己是如何作出合理分配的。

当家长跟孩子逛街时，买东西一定要顾及所有家庭成员的需求，而不仅仅是孩子。打个比方，当妈妈看到有外婆喜欢的裙子，我们要告诉孩子外婆的喜好，商量购买并作为礼物送给她。

家长每年会都给孩子操办生日派对，同时，千万不要忘了其他家庭成员的生日，鼓励孩子一起为家人筹备、办理，包括采购礼品蛋糕、布置场地、邀请亲朋好友等。

正是因为家长的榜样行为，久而久之，分享就更容易成为孩子与他人交流的作风和习惯了。

拒绝逗孩子

有些家长为了满足自己精神上扭曲的快感，刻意用自己的"小心机"来粗暴碾压幼儿的智商，拿孩子的分享行为来开玩笑，这些做法会严重误导孩子原有的分享精神。

当孩子不愿意分享玩具时，家长装作要抢玩具的样子，这时孩子就会本能地牢牢保护或拔腿就跑，家长便嘲笑他。对于孩子来说，这样的经历会让他惊慌失措，下一次就更加不愿意分享了。

当孩子不愿意分享玩具时，家长故意拿孩子的其他玩具以作交换条件，这时孩子本能地马上把自己手上的玩具交给家长，家长"赢"了却扮作"圣人"的姿态说："我只是跟你玩玩而已，我是不会拿你的玩具的。"最后，孩子像得到"恩赐"一样拿回自己的玩具。这样，孩子把分享、争抢、开玩笑都搞混乱了，过程中掺杂着妥协、愤怒、恐惧、迷惑等。物质环境的秩序、人文环境的秩序、心理环境的秩序都被破坏，这些被捉弄的孩子，只会感觉身边危机重重。

我总认为，对于孩子不爱分享的"自我"行为，应当不被看作是一个社交"问题"。一般来说，家长很多时候会用惯性思维去看孩子这些所谓的"问题"，在无意识的状态下便保持了孩子的"问题"，这种蛮劲只会把"问题"变成真的问题。而只有我们不再认为是个"问题"，才能在自己的期待和孩子的本性间磨合出一个平衡点。

家长问题

我家孩子6岁多，现在每当他把玩具分享出去时，就会让对方给钱，甚至每当小伙伴看着他的玩具时，他也会说："别看了，你给我钱，我就给你玩。"我很苦恼，我什么时候把孩子变成了贪钱的财迷？

扫音频，听答案！

2.如何引导不愿意输又看不惯同伴赢的孩子？

光光在幼儿园里一向都特别积极，一有表演机会就第一个举手，如果老师没有让他立即上台展示，他就会很伤心，回家告诉妈妈自己比不上其他同学，很讨厌自己。

平时，当光光在小区里跟小朋友玩丢手绢游戏时，手绢被丢到他身后时，光光就一边喊着"我不要输"，一边发脾气离开。当跟小朋友玩拍篮球比赛时，光光拍得比别人少，就会大骂对方，哭闹着要玩其他游戏……

孩子总是固执地要争第一，做不到就怒火冲天；孩子不能包容别人比自己更厉害，从而逃避或退出集体活动……孩子表现出这些太好胜而不合群行为，家长可能有如热锅上的蚂蚁。

这些孩子表面上都很强悍，抵抗落后，但实际上他们内心深处往往是自卑的、无助的，他们很需要外界对自己认可和关注，希望以"不输""我赢"来确立自我的存在，填补匮乏的安全感。

他们真心追求的并不是目标物品或位置，而是一种在家长身上没有获取过的重视。像光光，他背后的情绪语言是：缺爱、不安、需要被接纳，既然在家长身上找不到，那只能在外界争取大家的尊重，于是通过"赢"来获得地位。

那么，作为家长的我们究竟该如何做呢？

重视孩子的纵向发展，而非横向对比

如果家长平时没有看到孩子的进步与发展，而总在强调"你要向小新学习，他的计算很强""你要像小可那样做个乖孩子"，在一系列暗示中，孩子便自然而然地认为其他孩子在父母心目中又棒又乖，会被重视和关注，而我只会让他们失望，所以我一定要取悦父母，赢过他们，不能输。

家长正确的做法是，日常多使用积极的话语来强化孩子与他人之间的关系。

例如，当孩子认为同伴比自己写字写得整洁时，家长可以这样说："你写得很浑厚有力，比之前更加用功了，而他写得很整齐干净，各有各的优势，相信你们俩都是能够互相学习、共同进步的好孩子。"

又如，当孩子跟其他小朋友比赛，输了很不开心，家长可以这样说："妈妈看到你很努力，的确你也做到了，我为你的成就而感到高兴，至于这次输赢不重要，因为过程你已力争做到最好，我相信你是个坚韧的好孩子！"

总之，家长不比较，只帮助孩子找到自己的位置，肯定他们比昨天的自己更出色；家长不要求，只提出中肯的建议，正面激励他所作出的努力。

高度认可孩子，帮助他们正确认识价值感

当孩子拥有较高的自我价值感时，在社交中就更容易体会到他人的情感与内心活动，冲突自然会减少；相反，当孩子长期生活在被质疑的环境里，缺少被认同，在社交中就极度容易以输赢去弥补，由此引发的冲突也会增多。

例如，孩子从幼儿园回家，兴高采烈地告诉妈妈："妈

妈，我当了小班长！"妈妈却一脸诧异地说："不是吧，你哪有这个本事呢！"顿时，孩子像一下子被打至十八层地狱。孩子得到的是什么呢？妈妈认为我很差，我不配拥有她的信任。长期如此，这类孩子难以走出低自尊心的幽谷。

然而，如果家长日常的交流方式是充满爱意和信任的，那么孩子就不容易在精神上迷失。

家长应该经常使用以下语言：

"孩子，不管发生什么，我都会站在你的角度。"

"你是唯一的，你做到了!"

"相信自己是对的，决定权在你手上。"

"无论怎样，爸爸妈妈最爱的是你。"

这些话让孩子拥有价值感和尊严，被足够的精神营养供给的孩子完全不需要通过什么手段来获取关注，他们更能正视输赢，认为无论结果如何，父母依然爱我，全世界都会爱我，这就是个人价值感较高的孩子的心理活动。他们会像妈妈爱自己那样，想方设法去爱他人，为解决社交冲突而努力，尽量维持双方的好感情。

尊重一切自然的"输"

对3岁以下的孩子，家长可以示弱，频次高些，让孩子多体验"赢"的感觉，增强内心的力量感，因为这个阶段孩子能量较弱，需要大人不断地给他们"赋能"。

然而，对于3~7岁的孩子，家长则应当遵循孩子自然的

"输"，让他们逐步学会接纳外部世界的非理想状态。当然，这里说的"输"绝对不是刻意人为制造给孩子，肆意激发他们反弹的力量，这种做法明显是错的。

例如，当家长跟孩子玩适龄的桌游时，我们既不能故意迁就孩子，也不能存心"坑"孩子，而应当以自己真正的实力跟孩子对战，孩子经过观察、分析、推理、应变来获取成绩。如果最后结果是孩子输了，我们要沉得住气，坦然接受这些自然的"输"，不为孩子的失败而焦躁、妥协，这对防止孩子浮躁心理的滋生和蔓延是十分有利的。

如果孩子输后哭闹，我们需要理解，孩子是有一个专属的"思维逻辑"：那就是只有我做好了事情，我才是"好的"，如果我的事情失败了，我就是"坏的"，而且整体都是"坏"的。所以，家长要跟孩子解释清楚"输"绝对不是整体的个人问题，而只是这一次游戏或者这个事件"输"了而已。

而且，对于"失败乃成功之母"，家长不该只把它沦为一个虚渺的口号，而是要将其转化成真正的能量。家长引导孩子重新审视"输"，让他们知道"输"意味着教训、反思与经验，有助于日后避免类似失误。

具体的做法是：对"输"进行归因。如果作为内部的稳定性归因，如"我很笨""我智力不够""我能力不行"，那么对孩子没有任何促进作用；如果归因为自己当前的方法不够好，或努力程度不够高，或情绪不够平静，那么孩子会更愿意找出自身的根本问题，并针对性地提高技能。这样，孩子对下一次参与游戏会更有自信，遇到失败能及时转换思维，而并非一味地愤怒。

接受孩子的瑕疵，不完美才完美

那些总是被吹毛求疵、被过多关注和点评的孩子，慢慢就会学着看别人的脸色，既害怕有一天自己做得不好而让家人失望，又特别在意家人的想法而变得举步难行。家长越表现得无所不能、权威感强，孩子就越没有成就感的体验，促使他们在外越向往追求个人的胜利。

在生活中，家长不要经常挑剔、指责孩子，像孩子吃饭吃得不够卫生、手工做得不够快、不能及时跟别人打招呼等，这些小事都可以得过且过。在学习中，家长不要高度压制他们的挫折或落后，否则，当孩子真的遇上强大的挑战者，一旦发现自己落后时，就会感到特别敏感、自卑。

相反，当孩子稍微表现良好时，家长应该大大方方地赞赏孩子的具体行为表现。家长可以对孩子说："你把房间收拾得很干净，你干活很认真！"或者"你做手工做得很仔细，作品真精致！"当孩子不断犯错时，家长应该先认同他们的想法和出发点，再去改正他们的行为。家长可以对孩子说："我知道你很有个人主见，我能理解，但你也可以耐心听听别人的意见。"这样，无论孩子是对还是错，都能明确自己在家长心目中是个出色的孩子，从而能豁达地接纳社交生活中所有不确定的赢或输。

个体心理学家阿德勒曾经说过："发生在我们身上的事情并不能导致成功或失败，让我们成功或失败的，是我们对这些事情的解释。"而对于孩子来说，这个"解释"正是在家长潜移默化的教育行为影响之下的认知，通过以上四种方法，相信我们会逐渐看到孩子从认知到行为上的改变。

☁ 家长问题

我家孩子每次跟小伙伴玩游戏输了，回家后都会打自己的头。我看得出他很伤心，但他就是不开口跟我说，我该如何开解他呢？更奇怪的是，第二天他会把许多又新又漂亮的玩具拿到幼儿园送给小伙伴，这究竟是怎么回事？

扫音频，听答案！

3.如何引导不懂保护自己的孩子？

乐儿每次从幼儿园回家，妈妈总看到她闷闷不乐，但乐儿不愿意多说幼儿园的事情。后来妈妈找老师了解情况，老师说乐儿在班上经常遭受一两个男生的欺负，但每一次乐儿都默默承受，不敢吱声，这样其他孩子也跟着模仿欺负乐儿了。妈妈听后，为不懂保护自己的孩子而痛心烦恼。

曾有心理实验证明，学校里被欺负的大多是自我评价较低、不敢表达自我的孩子，因为他们就像一个不会发声的"出气筒"，会"招惹"更多孩子在自己身上泄愤，欺负者会乐此不疲，而受欺负者会为了更好地融入集体而不作出任何抵抗。

家长要让这类孩子在社交中强势起来，懂得保护自己，并让欺负自己的同伴感受到反抗与不畏惧，这些都是可以通过练习获得的。

掌握拒绝的语句

日常生活中，家长可以跟孩子练习以下语句："不可以！""住手！""你打人不对！""老师来了！""干吗！"鼓励孩子看着对方的眼睛，把内心的话响亮地表达出来，这些都能让对方知难而退。

家长还要教会孩子在说话时"横眉怒目"，这样的表情更能清晰表达自己的生气、不畏惧。美国儿童心理专家迈克尔·保巴说过："在被欺负时，你脸上怎样的表情比你说的是什么更重要。"

在练习中，当孩子表现出退缩，不愿意说时，家长不要说"有什么不好意思的？快勇敢起来！"这些逼迫的句子，而是要多抱抱、拍拍他，告诉他无论何时，爸爸妈妈都在身边，安抚后让他再来一次。

尤其对于经常被欺负的孩子，家长更应该经常提醒他们使用这些拒绝的语句，当真的面临危险时自然就形成反应了。

家长作出行为示范

有时候孩子不懂得保护自己，是因为没有一个直观的示范告诉他们应该怎么做。因为7岁以下的孩子各方面的发展非常有限，特别是语言能力还没有完全发展成熟，因此当面对冲突时能力可能不足。

例如，在小区里，孩子的物品被别人强行夺走了，但自己不懂得护着，而他的表情告诉你，他很希望要回玩具但不懂或不敢表达。这时候，家长的示范作用就尤为重要了，我们千万不要充当一名旁观者，完全不干预，尤其对于敏感内敛的孩子来说，家长的适当"帮忙"显得格外重要。

首先，家长鼓励孩子表达自己的需求，像"他拿了我的东西，我想拿回来"，告诉孩子如果仅仅是自己伤心和委屈，爸爸妈妈是没办法理解的，请孩子用语言来表达。这个过程是帮助孩子认识和表达情绪，同时也让他学会用合理的方式表达自己的需求。

其次，家长对孩子的心情进行反馈。发现玩具被抢，孩子会委屈和难过，家长抱抱他并用语言表达出来："他抢了你的东西，你感到难过委屈了，我也感受到了。"这样一来可以安抚、共情、肯定孩子的情绪，二来可以巩固孩子对父母的安全感，让自身更有力量面对外界。

接着，家长带着孩子一起要回玩具，对抢玩具的孩子说："他刚才正在玩这个玩具，你可以问他同不同意让你玩，或者等他不玩了，再给你玩。"我们这样做，主要是给孩子作出沟通的范例，让孩子直接获得经验。同时我们一定要注意自己说话的语气，不要表现出生气，因为这个抢玩具的孩子，实质上跟我们的孩子一样缺乏正确的交往技能而已。

最后，家长鼓励孩子以相同的方式勇敢地看着对方表达出来，如果孩子做到了，家长必须当场认可和赞赏他在解决冲突上的进步。

家长可以多找找机会，陪伴孩子与年龄大一点或者声音响亮一点的同伴玩，玩的过程需要维持各方都是愉悦的，当遇到冲突时，家长当场示范如何说和如何解决。这样旨在把快乐玩耍的经验和解决问题的方法放置在孩子的脑海里，循序渐进地，他们会改变对强势孩子的看法，建立起安全感，勇敢自信地应对，而不再保持警惕和紧张的态度。

培养集体意识和求助意识

家长需要让孩子懂得"一滴水只有放进大海里才永远不会干涸"的道理，对于3~7岁的孩子，应当从阅读开始，把培养集体意识和求助意识的内容内化成自己的东西。

如《小黑鱼》，讲的是小鱼为了避免被大金枪鱼吃掉，它们各就各位，紧紧地靠在一起，等到它们游得像一条大鱼时，小黑鱼充当了大鱼的眼睛，共同前进，结果海洋里面真正的大鱼都不敢靠近他们了。这个故事生动地告诉孩子：要学会广交朋友、融合力量，这样弱势才能转成优势，欺负者自然不会打扰一呼百应的自己了。

又如《西游记》，故事里蕴含着如何应对被欺负的大智慧。

家长不要只是强调孙悟空的神通广大、金刚不坏，而是着重赞颂他即使智勇双全，也非常擅于寻求各方帮助，他几乎每次遇上妖魔鬼怪，最后都会跑到天庭找相应的神仙帮忙。这些能让孩子深刻地明白，无论多厉害的人都会遇到危险，寻求帮助并不丢人，我们可以选择"三十六计跑为上策"，直接大力推开欺负者迅速跑开，大声呼喊寻求帮助："他欺负我！他打我！"或者"快来帮帮我！"旁边的小朋友们和老师立即就知道是怎么回事，会制止欺负者的肆狂，这时候，家长、老师、同学实质是"除暴打怪"的好帮手。

家庭的力量

在家里，家长可以利用游戏来促进孩子对抗恐慌和焦灼，像"躲迷藏"，就能很有效地让他们勇敢坚强起来。因为玩这个游戏，孩子必定认为环境是可靠的、能见到父母的情况下才会投入地玩，而且对于他们来说，每一次躲的过程都是全新的"发现之旅"，而最终能找到父母的结果则是成就感的获取。

在日常生活中，家长要尽量放手，不要包办代替。包办代替会导致孩子依赖成人，结果不但懒于动手，还懒于面对困难和挑战，成为孩子胆小畏惧的原因。所以，当孩子遇到难题时，家长未必完全帮助他们解决，给他们留出一定的空间来锻炼解决问题的能力。当孩子做得正确时，家长给予赞扬鼓励，那么他们会更加认为自己是对的，以后自然就会更放心大胆地去应对各种状态；当孩子做错时，家长不要指责，那么他们会把内疚羞愧等负面情绪抵消，继续做自己认为正确的事，但也会注意"错"的边界，以后遇到问题也不会缩手缩脚，因为他们内心不存在被否定，重点是父母永远支持自己。

平时家长不要粗心大意地在孩子面前表现出过度焦虑、紧张的情绪，因为孩子会学习起来，当在外遇到社交问题也会惶恐而不知所措。有很多案例显示，家长有一些胆小的行为，孩子很喜欢去模仿。例如，妈妈害怕声音响亮的东西，当孩子听到小朋友大声嚷嚷，或者听到小朋友急促强烈的脚步声时，就会感到害怕；妈妈害怕跟别人接触，当孩子被小朋友碰撞或推搡时，也会感到害怕。尤其是女孩子，会更乐于同化妈妈的性别特征，于是更难做到勇敢大方。

最后，家长需要明白，从更深层次的心理学角度来说，我们掌握保护自己的方法，实质上是厘清在人际中的索取与付出的关系：要学会索取，该索取时要说出口；被索取时懂得拒绝，而并非一味地付出。所以，终究我们需要让孩子学会的是，在需要索取的时候安然地索取，在需要付出的时候给予足够的付出，拒绝多余的付出。

☁ 家长问题

幼儿园老师说，孩子在操场上活动时会不停地咬手指甲、咬嘴唇，其他活动环节如吃饭、睡觉、手工课等，是没有这样的表现的。孩子出现这种行为，是害怕所致吗？还是有什么其他问题？

扫音频，听答案！

第三章

以沟通代替说教，日常训练解决冲突的方法

1.因果关系的循环游戏与提问——与孩子探索冲突的根源

孩子之间的冲突，大多来自他们未能明确"如果这样做，会导致……"，一旦明确了，冲突自然就会减少或容易被解决。

举个例子，在幼儿园里，小信跟小伙伴为争抢玩具而互不相让。如果小信通过对因果关系的分析，能够明确"大家都爱玩这个玩具"是冲突的根源，也认识到争抢玩具的结果只会两败俱伤，甚至会遭到老师的批评。那么，小信就很有可能会改变争抢的行为，以沟通协商、轮流玩或者共同玩的方式来平息这次冲突。相反，如果小信并没有因果关系的思维，那么冲突将会继续并恶化。

所以，日常生活中，家长需要让孩子理解并运用事物之间的因果关系。当处于社交冲突时，孩子便能条件反射地明确冲突的原因，以及双方行为所带来的后果，从而知道究竟什么该做什么不该做，判断需不需要改变方式做出更有利于结果的行为。

家长把因果关系的游戏和提问当作是一种与孩子的常态交流任务，帮助他们组织思维，搞清楚事件的原因和结果，为问题寻找最优的解决方法。

方法一：因果提问

平时家长与孩子的对话，一般都是零散的。例如，妈妈问："今天中午在幼儿园吃什么了？"孩子说："吃番茄了。"妈妈问："为什么鞋子都湿了？"孩子说："不小心踩到水坑了。"这些都是自由的表达。

但是当孩子遇到社交冲突时，这些自由表达是很难让他们组织语言并解决问题的。所以我们需要加入"什么—为什么—还有什么"的系列沟通方式，旨在帮助孩子在实际情况下认清当前问题的根源与结果，并在头脑中形成框架。

情景一：

家长问孩子："周末你计划做什么？"

孩子说："我去踢足球。"

家长引导孩子思考原因，问："为什么要去踢足球啊？"

孩子回答："因为我喜欢运动啊。"

家长尽量让孩子思考更多理由，问："真不错啊，还有吗？"

孩子说："因为我的同学都在踢。"

接着，家长延伸下去，引导孩子说出更多信息，如果说不出，家长可以补充："踢足球能够让你的身体更加强壮，反应更加灵敏。"

最后，家长让孩子把刚才的话连接起来，如果孩子一开始不会说，我们可以帮他们完整地组织起来，"我想周末去踢足球，因为我很喜欢运动，我的同学也都在踢，再说了，足球能够让我的身体更加强壮、反应更加灵敏。这真是一场有意义的运动！"

情景二：

家长问："你要买点什么？"

孩子说："我不买东西了。"

家长问明原因："为什么不买你喜欢吃的糖呢？"

孩子回答："零用钱不够了。"

家长尽量让孩子说出更多相关联的事情，问："你很懂事哦，还有什么原因吗？"

孩子说："这周末爸爸答应带我去动物园，门票很贵，今天不花钱了。"

这时，家长已经从孩子那里获取足够多的信息了，可以引导孩子完整地说出来，我们也可以作出示范说："今天不买任何东西，因为剩下的钱不够买了，更何况这周末爸爸带我去动物园，我不希望再花钱了。"

家长除了在日常事件中强调因果关系外，还可以把"什么—为什么—还有什么"贯穿在生活的解决问题当中。

情景三：

妈妈跟孩子说："我今天出门时忘了喂金鱼，刚刚跟你爸爸说这件事，他有点生气。你知道为什么吗？"

孩子回答："爸爸昨天请你帮忙喂他心爱的金鱼，说了好几次，你答应了却没有做到。"

家长延伸说下去："因为早上下雨了，我怕堵车，赶着出门忘记了。"

接着家长请孩子帮助自己想办法解决，孩子也许会提供意见说："那你应该跟爸爸说明一下，这样他就不会生气了。"

情景四：

家长跟孩子说："我真搞不懂邻居家为什么每晚说话那么大声，打扰我们睡觉。"

孩子回答说："他们可能下班太晚了，很晚才能见面聊天。"

家长继续引导孩子说出更多原因："是吗？还有什么原因吗？"

孩子动脑筋说："可能他们不知道家家户户到那个时间点都要去睡觉。"

接着家长请孩子想出办法："那我们怎么才能好好睡觉呢？"

孩子可能会就原因想出各种解决方法，如"直接按门铃告诉邻居我们要睡觉，别再吵了！"

总之，生活中有许多琐碎的问题，家长可以随时随地地用"什么—为什么—还有什么"，甚至是"怎么办？"来沟通，而且尽量多问几个"为什么"，越是刨根问底，越能锻炼孩子对事情根源的挖掘。家长还可以跟孩子调换角色，由孩子来问家长为什么，再让孩子总结他获得的答案。

这一系列提问能帮助孩子组织脑袋里对"原因—冲突—解决—结果"的回路，当在社交过程中，孩子更能明确事件的"因""果"，防止"因"的发生而导致冲突，即使发生了冲突，也会就这个"因"来寻求更好的结果。

方法二：玩因果循环游戏

"为什么"和"因为"这两个词，能够帮助孩子理解行为和后果之间的联系。例如，"他踢我，因为我偷吃了他的棉花糖。"那么偷吃棉花糖与被踢有着必然的联系，要避免问题就是不偷吃他的棉花糖。要知道，对于这种逻辑关系，成人认为是浅显易懂的，但对于孩子来说，真不一定那么清晰。

建议家长跟孩子一起玩因果循环游戏，开启"打破砂锅问到底"的模式。游戏规则是：一方拿着好几个不同款式的小襟章，负责大声问"为什么"，另一方用"因为"来作答，每回答原因一次，就能佩戴上一个小襟章，游戏可以随时随地地由不同家庭成员进行比赛，看最后谁佩戴的小襟章多。

例如：

家长说："我要马上睡觉去。"

孩子大声问："为什么？"

家长回答："因为我很累，头都晕了！"然后孩子帮家长佩戴上一个小襟章。

孩子又大声问："为什么？"

家长回答："因为我要整理书房，把几年前的书都搬出来。"然后孩子又帮家长佩戴上一个小襟章。

孩子继续大声问："为什么？"

家长回答："因为我们要准备装修书房了。"然后孩子帮家长佩戴上第三个小襟章。

就这样，双方继续把问题延伸下去。

之后，家长跟孩子的角色调换过来，家长问孩子为什么，而且尽可能多问几个为什么，让孩子从更多角度寻找答案并赢取小襟章。

孩子说："我想去小马家玩。"

家长大声问："为什么？"

孩子回答："因为我在家里好无聊。"然后家长帮孩子佩戴上一个小襟章。

家长大声问："还有什么原因吗？"

孩子回答："因为小马家有很多新奇的玩具，我想跟他一起玩！"然后家长再帮孩子佩戴上一个小襟章。

家长继续大声问："为什么他们有那么多玩具呢？"

孩子回答："因为小马妈妈不停地给他买。"然后家长又帮孩子佩戴上一个小襟章。

家长再大声问："还有什么原因吗？"

孩子说："因为小马经常生病，他一生病，爷爷奶奶就买玩具给他。"然后家长帮孩子佩戴上第四个小襟章。

......

家长可以跟孩子约定，当天拿到最多小襟章的是"日冠军"，当周拿到最多小襟章的是"周冠军"。

除了平时玩因果循环游戏，更重要的是，当孩子碰到社交问题时，家长还可以利用它来促进孩子分析冲突和总结原因，就原因思考解决方法。

例如，孩子今天回到家很不开心，家长发现了，并了解到原来孩子跟好朋友小花吵架了，很伤心，那么就可以跟孩子玩因果循环游戏来逐步解开孩子的心结。

家长说："听说今天你跟小花闹翻了，是吗？"

孩子说："小花把我的画撕碎了。"

家长接着问："哦，那你肯定很生气了，为什么她把你的画撕碎了呀？"

孩子回答："因为我嘲笑她了。"这时候，家长帮孩子佩戴一个小襟章。

家长大声问："你为什么要嘲笑她呀？"

孩子回答："因为我觉得她画的画很难看。"这时候，家长又帮孩子佩戴一个小襟章。

家长大声问："为什么小花不喜欢你嘲笑她呢？"

孩子说："因为她会很伤心。"这时候，家长再帮孩子佩戴一个小襟章。

家长继续大声问："为什么她会很伤心呢？"

孩子说："因为我是她的好朋友，她不想好朋友这样评论她。"接着，家长帮孩子佩戴第四个小襟章。

现在，家长可以简单总结孩子的话了，说："那就是说，因为你是她的好朋友，而你的话伤了她的心，她才撕了你的画，对吗？那你觉得应该怎样做才能让大家都不生气呢？"家长跟孩子就分析出来的原因一起商量出维持双方关系的解决方法。

这时候，其实孩子已经不再生气了，因为他从游戏中已经知道，冲突的发生是因为对方很在乎他，很重视他所致的，不应该为了表面的愤怒而毁掉好朋友之间的感情。

总之，家长长期把游戏见缝插针地贯穿在日常生活当中，能锻炼孩子把握冲突的原因纯熟度，灵敏地想办法把恶性收场转化为好结果。慢慢地，孩子会发现，实质上小襟章所代表的"因为"都是美好的，越多小襟章就越能洞悉透彻事件，也越能看到对方内在的真善美。这一切，都为孩子理性的社交生活奠定基础。

家长问题

幼儿园一放学，孩子就会到他的好朋友家里玩，然而最近他在别人家越来越放肆，把玩过的玩具通通留在地上，不放回原位，现在连他的好朋友也学着这样做。尽管好朋友的妈妈没有说什么，但是孩子确实给别人添麻烦了。请问，我该如何引导孩子在别人家要注意收拾玩具呢？

扫音频，听答案！

2.选择关系的多角度游戏与提问——提高孩子对冲突的应变力

要知道，孩子的世界是非黑即白的，他们不能明白灰色地带的存在。所以，当处于社交冲突时，他们会认死理地断定事情除了一种状态之外，并没有其他出路，又或者当被对方否定时，会偏执地认为自己整体都被全盘否决，从而容易大幅发酵冲突。

孩子只有明确事情实质上是"或许……或许……""可以……也可以……""要不……要不……""是……还是……"的选择关系，当处于社交冲突时，才不会单线条地认为不行就是不行，错误就是错误，而是条件反射地用多角度选择来解决问题。

举个例子，在幼儿园里，媛媛把自己的玩具借给了小戚玩，但小戚不愿意归还。如果媛媛没有意识到其中的选择关系，如她不能想到可以转移小戚的注意力，把其他更好玩的玩具给予她选择，让她脱离手上的玩具，她不能想到可以让小戚选择其他时间玩，而现在先还给她。那么，思维转不过弯的媛媛就很有可能跟小戚直接产生冲突了。

相反，当媛媛头脑里已经存在一定的选择关系时，就会明白"小戚不还玩具，我还是有其他方法让她还给我的"或者"小戚不还玩具，我或许可以换另一种方式跟她沟通"。于是，媛媛会跟小戚说："你或许玩我的电动小猫，或许玩我的拼图，但现在你把手上的玩具先还给我吧。"或者说："你现在还我玩具，如果你还想玩，午饭后我再给你玩。"一旦媛媛有这样的思维模式，那么冲突就不容易发生。

家长也许会想，上述是一种社交的理想状态。但是，我想告诉家长的是，孩子的确是能够做到的，而这些都需要通过日常练习"或许……或许……""可以……也可以……""要不……要不……""是……还是……"的选择关系而来。

方法一：玩取舍类游戏

1.过家家

孩子都很喜欢洋娃娃和毛绒玩具，家长让孩子照顾它们的吃喝拉撒等生活作息，同时也跟洋娃娃聊天。家长作出示范，让孩子听到自己是如何跟它们说话的。

家长跟洋娃娃说："小宝宝，你可以穿红色的衣服，也可以穿绿色的衣服，你喜欢哪件衣服呢？等会儿的水果餐，你要不吃苹果，要不吃雪梨，你想吃什么呢？你或许听我讲小熊的故事，或许听我唱小星星儿歌，你喜欢什么呢？"

也就是说，家长在跟洋娃娃的聊天中，一定要穿插选择性的关联词语。这样，当孩子玩过家家时，他们也会模仿穿插能给予对方选择的句式。这是一个从输入、理解、思考，到输出、运用、熟悉的全过程。

2.角色扮演

在家里，家长扮演孩子的小伙伴，在模拟的场景对话中贯穿选择关系的句式。

"我们可以一起砌积木，也可以一起下棋，我都很喜欢！你说我们玩什么好呢？"

"你是今天到我家玩，还是周末到我家玩呀？"

"这个玩具可好玩了，我们是轮流玩，还是一起玩呢？"

这些听上去再平常不过的对话，都能够增强孩子对选择句式的运用能力。循序渐进地，家长再进阶让孩子利用选择句式来解决一些模拟问题。

例如，家长扮演的小伙伴跟孩子玩游戏输了，很不甘心，于是出手打人，我们让孩子当场模拟解决冲突。过程中，家长要尊重孩子的解决方法，认同的同时示范自己的解决方式，如跟对方说："你不可以打人！"然后给予选择："要么我们再玩一次，要么我们玩其他游戏，这样你的心情会好一点。"

家长和孩子在游戏中的角色扮演应是多样化的，这种"当事人"的形式能给予孩子更多机会亲身实践以选择式沟通来处理冲突，潜移默化地进展为能脱口而出，日后能在社交中顺畅运用。

3. "咕噜咕噜"游戏

游戏的玩法是：家长与孩子面对面站立，双手握空拳、两拳交错上下，边绕圈边念"咕噜咕噜1"，同时出示一根手指，家长说："是一头牛还是一头猪"。然后再绕圈并念："咕噜咕噜2"，同时出示两根手指，孩子说："是两只鸟还是两只鸭"。接着再绕圈并念："咕噜咕噜3"，同时出示三根手指，家长说："是三只羊还是三只狼"。双方依次说数字组词到

10，游戏结束。

这里的关联词语可以换成"或许……或许……"和"可以……也可以……"。像"或许一头牛或许一头猪""可以是一头牛，也可以是一头猪"这样。

"咕噜咕噜"游戏是让孩子不断练习选择关系的关联词以及即兴说话，培养孩子思维的准确性和敏捷性。

4.商店游戏

家长让孩子把5件以上的玩具整齐地放在桌子上。先由孩子扮演营业员，家长扮演顾客，家长自言自语说："我是买小狗好，还是买机器人好呢？""或许小猫适合我，或许小猴子更适合我。"然后，再问营业员的建议："请你给一些意见吧。"

然后，家长鼓励和引导孩子用选择句式来作答，"或许小狗适合你，它能汪汪叫，很好玩，或许小猫也适合你，它毛茸茸的，很舒服。你可以在它俩中挑一个，也可以两个都购买。"家长让孩子通过这样的表达来劝服我们付费购买。接着，家长和孩子调换身份继续玩游戏。

玩商店游戏能培养孩子连贯运用选择句式的能力，挖掘孩子解决实际问题的智慧和潜能。

方法二：碎片式的日常沉浸

家长在平时的沟通中，也多跟孩子用选择关系的句式，就像一颗又一颗的星星出现，最后布满孩子的整个天空。

例如，家长问孩子："宝贝，你是先洗澡还是先吃饭？""今晚我们或许买个蛋糕，或许买个面包，你喜欢什么？""周末我们可以去游泳，也可以去踢球，宝贝你来定！"另外，家人之间也可以随意地用选择关系的句子来沟通，示范性地让孩子意识到所有事情的解决都是有多种出路，是灵活的、可供选择的。

当家长跟孩子共同解决问题时，也可以多强调这些词汇、句型。例如，哥哥和妹妹都很想吃汉堡，但汉堡只有一个，那么妈妈可以提问孩子该如何分配，让他们动脑筋解决。其中妈妈可以作出引导："或许你们把它掰成两半来吃，又或许你们一起到楼下的面包店多买一个汉堡，你们商量一下吧。"家长让孩子更深入地了解该如何在冲突中运用选择关系。

总之，家长与孩子在日常事件中灵活运用选择性句式，让他们熟能生巧，长期如此，最终孩子的应变能力会呈几何级数的增长。

家长问题

孩子的语言发展比同龄人落后，不要说用语言解决冲突，就算平时他也不爱多说两句。我每晚给他讲故事，他从来都不懂得复述；别人误会他了，他从来都不解释，总是一副爱理不理的样子。我快要急死了，怎么办？

扫音频，听答案！

3.肯定与否定关系的游戏与提问
——坚定孩子在冲突中的立场

家长让孩子掌握以下肯定与否定关系的句式："能……""不能……""能不能……？""可以……""不可以……""可不可以……？""是……""不是……""是不是……？"

孩子理解并运用事物之间的肯定与否定关系之所以重要，是因为当处于社交冲突时，他们能直接把内心需求和立场明确地表达出来，不憋屈，不积蓄坏情绪；或者以此来征询对方意见，不一意孤行，减少摩擦，最终达成一致。这些都能避免引发或延续冲突。

举个例子，小光很想看小泉手上的绘本，如果没有训练肯定与否定关系的沟通方式，很可能会直接抢绘本来看，又或者紧紧挨在小泉身边看，而这样的动作会打扰正在专注看书的小泉，两人容易产生冲突。

但是，如果小光有了肯定与否定关系的表达训练，他会征询小泉："我可不可以跟你一起看绘本呢？"或者问"我能借你手上的绘本吗？"然后等待对方的应答。如果小泉不愿意，小光会问："你看完，可以给我看吗？"或者"你能等会儿给我看吗？"

如果小光之前没有问小泉就直接抢过去看，在双方爆发冲突时，小光可以利用肯定与否定的表达，说："我不是故意的，我是太喜欢这本书了。""我知道我不能抢你的绘本，这是我不对，我现在能跟你一起看吗？""我不可以看的话，那你什么时候能给我看呢？"

其实对于小泉来说也一样，当小光抢了自己的绘本，他可以勇敢地利用肯定与否定的句式来表明意愿，说："这是我的，不是你的！请还给我。"或者"你是不是喜欢绘本？我有其他绘本可以借给你，但这本你不能拿！"这样的沟通方式，孩子之间的冲突就会大大减少。

可见，平时孩子需要通过练习来增强对肯定与否定话语的实操能力。

方法一：玩肯定否定关系游戏

1.传话筒游戏

妈妈在孩子耳边讲一些有趣的传话内容，孩子听后传给第三个人，可以是爸爸或其他家人，第三个人讲出传话内容，最后妈妈验证。如果没有第三个人，那就要求孩子在自己耳边再复述一遍。

家长传话的内容，融汇了肯定与否定关系的句子，情节可以是天马行空、创意十足，不需要讲求严谨的逻辑，也就是说，只需要吸引孩子的注意和成功套用句式即可。

例如，我们可以编造这样的传话内容：

有一天，小帆到楼下玩秋千，突然身边出现了一只小松鼠，小松鼠说："我能不能跟你一起玩秋千呀？我可以把饼干分一半给你吃。"小帆回答道："你是动物，怎么能荡秋千呢？但你可以尝试一下。"接着小帆抱着小松鼠上了秋千，果真，小松鼠可以轻松地荡起来！小帆问："现在，我可不可以吃你的饼干呀？"小松鼠立刻回答："当然可以！"故事到此结束。

在孩子传话过程中，家长需要留意他们有没有用上原文的肯定否定词汇，如果有，家长引导他们尽量用强调的语气来突出词汇，这样能起到加深印象的作用，然后加以表扬，如果没有，可以让孩子再说多一遍。

当孩子熟悉以上的玩法后，家长再让他们尝试编故事，鼓励他们灵活使用肯定与否定的句式，并且建议在故事中加上角色对话，或者主人公从遇上问题到解决问题的全过程。只要孩子认为游戏是生动有趣、愿意玩下去的，那么我们想要达到的效果就会慢慢出来。

2.角色扮演游戏

在家里，家长扮演孩子的小伙伴，双方互相问好并对话。在对话里贯穿肯定与否定关系的词汇与句型。

例如：

"我是小英，我能不能跟你一起玩秋千？"

"你不能吃我的饼干，那是我最喜欢的，但你能吃我的香肠。"

"我可以把这碗饭吃光光，但是不可以把这碗汤给全喝了。"

"你不是站在我隔壁的，你是不是站错位置了？"

这样的对话，能培养孩子对肯定与否定关系句式的表达能力和记忆力，增强熟悉度。

3.卡片游戏

家长准备一些卡片，上面可以是自己画或者打印的图画，分为"可以"与"不可以"两类。例如，一张"可以"卡片上是一个小孩在敲乐器，一张"不可以"卡片上是一个小孩敲小伙伴的头；一张"可以"卡片上是一个小孩在吃巧克力，一张"不可以"卡片上是一个小孩伸手拿别人碗里的东西来吃；一张"可以"卡片上是一个小孩用剪刀剪窗花，一张"不可以"卡片上是一个小孩用剪刀剪同学的头发……

玩法一：

家长把所有"可以""不可以"卡片混合在一起，没有规律地抽取出来，让孩子快速作出反应："你可以……""你不可以……"。当孩子看到卡片被抽出时，可对应上面的内容大声说："你不可以打我的头！我会很痛的！""你可以跟我玩积木，太棒了！""你不能在我的书上乱画！""你可以安静地跟我看书。""你不能把水泼到我身上"……

玩法二：

家长把"可以"卡片抽取出来并集中在一起，让孩子练习"可不可以""能不能"的句式。当家长抽出一张"可以"

卡片，孩子就图上的情景马上提问："我能不能玩你的玩具呢？""我可不可以坐你的椅子呢？""我可不可以摸一下你的小猫呢？"……

过程中，家长还可以跟孩子一起比赛，或者邀请更多小伙伴一起参与，看谁反应最快、说得最响亮、表达得最准确。随着熟悉度的增加，家长需要加快抽取卡片的速度，孩子也要加快应答的速度。这样，孩子会更加感兴趣去挑战新难度，从而大大促进这类语言的内化，条件反射地运用到实际中来。

方法二：碎片式的日常沉浸

除了以上的游戏外，家长还需要与孩子在应对日常问题时运用肯定与否定关系的句式，让孩子灵活感知如何套用到解决冲突上。

妈妈在工作，孩子很想妈妈跟他一起玩，妈妈可以这样跟孩子说："我正在工作，等到七点钟就可以跟你玩，但现在你不可以打扰我，你能不能在厅里看书等待我？"

爸爸没有经过孩子的同意，把他已经用过的画纸扔到了垃圾桶，孩子很生气，那么妈妈可以示范并引导孩子解决问题，说："爸爸扔了你的画纸，你很生气，我建议你可以直接跟爸爸说，让他日后不要随意扔掉你的东西，要先经过你的同意，你认为这是不是个好办法？"

弟弟因为争抢姐姐的玩具而被打了，那么家长在他俩心情平复下来后，鼓励孩子们想出能让大家开心玩玩具的方法，之后家长也给出建议："弟弟，你可以询问姐姐能不能给你玩，姐姐，你可以明确告诉弟弟哪些可以玩，哪些不可以玩，我相信你们一定能做得很好。"

总之，无论是在游戏中，还是在日常解决问题中，家长都尽量多地让孩子利用肯定与否定关系来袒露内心意愿和提问，两者并不排斥，这样既能促使孩子自信快乐地表达，保持独立果敢的姿态，也能培养尊重他人的良好品质。

☁ **家长问题**

孩子看到班上有许多同学报兴趣班，她就要"跟风"一起报。我看她也是兴致勃勃的，不忍心拒绝她。请问，我该不该让她跟着大队伍走呢？

扫音频，听答案！

4.自控力的游戏与锻炼——稳定孩子面对冲突时的情绪

拥有良好社交关系的孩子，一般较擅长预防和解决冲突，他们大多能稳当地按照一定的思路、节奏与人交往。相反，那些在社交中冲突较多，或者不懂得预防和解决的孩子，往往他们的自控力比较弱。

当提到自控力，相信家长们都会不约而同地联想到一个非常有名的实验——棉花糖实验。它的大概内容是：孩子坐在桌前，桌上放着一块棉花糖，研究员对孩子说："我现在要离开房间，如果你在我离开时吃，只可以吃一块。但如果你等我回来再吃，我会再给你一块。"说完，研究员便离开了。当他回来后发现一些孩子会不假思索地立即吃掉棉花糖，只有30%的孩子选择等待，拿到了第二块棉花糖。

这个实验要论证的观点我们暂时不谈，而我们需要明确的是，其实当时的研究员还做了很多对比试验，其中一个是：如果孩子的背景是充分得到家长无条件的爱和关注，拥有高质量安全感的，那么这些孩子大多会耐心等待；相反，如果孩子日常没有被满足基本需求，个人安全感不足，不能形成明确的期待和信任感，那么这些孩子难以自主约束，没有良好的自控力。

所以，培养自控力的一切方法都应当建立在安全感之上，这样孩子才能有更稳定的情绪积极体验外界，与外界融合。

方法一：建立充足的安全感

对于7岁以下的孩子来说，家长远比自己重要。如果家长一向以可靠的、发自内心的爱意与尊重来照料他们，让他们生活在一个温暖、安全、舒适的氛围当中，这种跟家长之间的信任和契合就会把安全感延展到外部世界中去。

在外部世界里，让孩子抑制冲动、克服消极情绪、以社会接纳的方式来行动，家长绝对不是通过严格的教育来达到的，而是应该给予孩子无限的滋养与关爱，真正看得见他们的内心，而不是他们的缺陷，真正关注他们的情绪和感受，而不是他们的行为。

家长越能洞悉孩子情绪背后的秘密，越能润洗与孩子之间的连接空间，就越能塑造有忍耐力、承受力、坚强品质的孩子，这样的孩子更能把控好情绪，愿意配合，不容易焦虑、冲动。

方法二：玩自控力游戏

1.静态游戏

各种拼图、拆卸和重装物件、小实验、小研究、养种动植物等都能锻炼孩子的自控力。过程中，孩子会非常专注于物料的制作，以及精细动作所带来的成果，而且他们正在不自觉地遵守游戏规则，所以这时孩子的自控力和意志就会凸显出来，但由于孩子太专注以至于自己也没有发觉。

例如，过眼力游戏，家长在桌上倒放三个不透明的杯子，其中一个杯子里有一颗骰子，让孩子记住，然后任意置换杯子的位置，让孩子猜骰子在哪个杯子里，一开始置换杯子时稍慢些，等孩子熟悉起来再加大难度。

又如，蛇棋、跳棋、飞行棋等桌游，家长可以邀请更多孩子参与和丰富游戏规则，这样每位孩子会进入更加长时间的等待状态，从而促使他们对各种规则的理解，相对应的限制要求也直接加强了孩子自控力的发展。

在玩游戏的过程中，如果孩子做了一些无目的行为，如无端拿起任意东西敲敲打打、四处张望、手舞足蹈，那么家长可以轻轻拍拍他们的背或者小脑勺，提醒孩子回到工作中来，久而久之，孩子更能把持自己。

2.动态游戏

老鹰捉小鸡、渔夫网小鱼、捉尾巴等游戏，都能让孩子对动作作出高度控制。过程中，通过激发孩子兴奋的情绪，让孩子学会调整自己的状态。当情景越逼真，孩子越有身临其境的感觉，自控力锻炼的效果就越好。

又如，躲迷藏过程中，孩子会因为好奇或不耐心而走了出来。孩子越小，他们躲起来的时间越少，孩子越大，他们躲起来的时间越长，这就是自控力发展的直接体现了。如果家长经常跟孩子玩躲迷藏游戏，那么对他们的忍耐力是一种有效的锻炼。

家长还可以跟孩子玩行动与感知相结合的控制力游戏。孩子用头顶着气球，沿着直线或曲线，一直走到与他们身高差不多的篮球筐，直接把球送到篮网里；或者让孩子把小球放在一次性碟子上走一圈，不让它跌落下来，如果跌落了就重新开始。这类游戏不仅能提高亲子时光的质量，更重要的是可以让孩子使用身体的力量和大脑的智慧来体验自我约束的能力。

3.阅读游戏

当跟孩子共读故事时，家长可以像做游戏一样用夸张的表情和动作带动孩子的积极性和兴奋点。家长说故事的时候，要投入地代入角色演绎起来，扮演鲁莽的狮子、自由自在的小鱼、热情洋溢的小狗、悲伤愤懑的小猴子……那么孩子渐渐被代入情景中，意志会随之增强，表现得更有毅力。

另外，让孩子习惯每次在家长说完故事后回答一些问题，因为我们对故事的提问是有指向性的，这样有助于孩子更专注地倾听、理解、思考故事的内容，这些都是锻炼孩子在听、看故事中的自控力的好方法。

方法三：让孩子自主做选择和计划

自控力较好的孩子，通常在面临多种选择时，仍能坚持自己的想法并作出合适的决定。家长可以尝试在各种混乱的选项中让孩子明确目标，培养不受诱惑、不被分心的品质。

平时，家长尽量给予孩子选择机会，例如，"你想到公园玩，到你的好朋友家玩，还是直接回家休息呢？""你想吃橙子、葡萄，还是桃子？""你今天想穿黑色的、蓝色的，还是黄色的袜子？"当然，家长可以给予更大的计划权，例如，"黄金周来了，你认为我们一家去哪里好，每一天怎么安排呢？"这些开放式问题都能够帮助孩子发展自我管理能力和思维能力。

尤其当孩子遇到挫折、产生坏情绪时，更适合用选择题让他们厘清思路并作出选择。例如，孩子很想买一个玩具，然而妈妈的预算不够，孩子有点闹情绪，妈妈刻意让他以选择来解决此问题，说："我知道你很喜欢这个玩具，但剩下的钱已经买不了了，现在只能选择便宜点的小零食了，要么买芝士棒，要么买冰激凌，你选择哪个？"家长给予选择的其中一样东西，应当是孩子心仪的物品。这时候，孩子在未能如愿的情况下作出"二挑一"的选择，这类体验对自控力有很大帮助。

方法四：鼓励带目的性的自言自语

在许多研究儿童等待状态的实验中，科学家发现有部分孩子会通过自言自语来自我控制，他们会刻意重复说"再等等，再等等"。道理一样，平时家长要尊重孩子带目的性的自言自语，让他们在自我克制中作出调整。

例如，家长让孩子拿本书过来，那么孩子往书柜走去的时候会下意识地跟自己念叨着"去拿书，去拿书"。这样既能让自己明确做事的目的与步骤，也是抑制自己对身边一切无关事物的关注，心无杂念地完成指令。

但是如果当孩子沉醉于自言自语时，家长爱打断或嘲笑他们，那么这种行为无疑是具有强烈的破坏性的。家长不仅不要打断孩子，甚至还可以在他做完后，认同他们并复述一遍刚才做事的整个过程。这种持续性的锻炼，能建立和派生出专注和恒心，自控和独立就会随之而来。

最后，家长需要明确的是，自控力分了三层，分别是情绪自控、行为自控和意志力。一般来说，行为自控发展较快，而情绪自控和意志力发展较慢。因此，在培养孩子自控水平时，一般来说，家长首先应该侧重行为自控，再逐步进展为情绪自控和培养意志力，循序渐进地促进自控力各方面的综合发展，从而推动社交和内在秩序的发展。

☁ 家长问题

每年幼儿园都会举行防拐骗活动，我家孩子总会为了"陌生人"的糖果而跟着走，我看其他孩子都不会像他那样，他的自控力真的很差劲吗？

扫音频，听答案！

5.共情的游戏与锻炼——加强孩子对冲突的理解

在幼儿园里，有多少孩子因为想拿回玩具而直接咬对方，没有思考对方被人身攻击的痛苦；有多少孩子因为伙伴不能满足他的要求而破口大骂，没有思考对方被语言攻击的难堪；有多少孩子因为伙伴害羞怕事而经常欺压威胁，没有思考对方是不能承受的。

的确，不同孩子有着不同程度的共情能力。

在婴幼儿时期，孩子看到其他同龄人哭泣，自己也会跟着哭泣，看到其他同龄人快乐地玩耍，自己也会跟着又笑又跳，这就是共情能力的早期表现。逐渐地，随着孩子跟他人互动的增加，意识和情感的发展，他们越来越能洞察他人的表情变化、心理状态、情感活动，浅层地感受他人的内心世界，从而升华了原有的共情能力。这个过程的发展因人而异。

共情能够帮助孩子感同身受并理解他人的情感与需要，增强伙伴彼此之间的信任，并促进利他行为的出现，对整个幼儿园社交圈、个人生活质量都会带来积极的作用。但是，如果孩子的共情能力没有发展与调动起来，那么社交冲突自然会更凸显，也不容易被解决。

虽然培养和发展儿童的共情力并不是一件容易的事，但是在孩子身上播下共情的种子，他们就会开始慢慢发芽、生长、成熟。当孩子上了幼儿园后，就是进入播种孕育的好时机了。

方法一：设置具象情景

平时家长多跟孩子玩情景游戏，智慧地把真实体验融入进去，既可以让家人配合演绎，又可以用毛绒玩具代入角色。

情景1：一个孩子不小心把手上的冰激凌跌落在地上，被路过的同学取笑，很生气。家长就此情景问孩子："你觉得这个位孩子的感受是怎样的？""如果是你，你会很伤心吗？你会生同学的气吗？""如果你是刚好路过的同学，你会不会安慰他呢？"

情景2：一个孩子捣蛋地打扰同伴写字，家长就此情景向孩子提问："如果你是写字的小朋友，你会很生气吗？你会怎么跟对方沟通呢？"或者"如果你是打扰别人的孩子，你会怎么想呢？你会跟对方道歉吗？"

情景3：两个孩子为了一场争论而打起来，一方号啕大哭，另一方继续使劲地打，家长就此情景向孩子提问："如果是你，你会很难过吗？会继续打下去吗？还是会选择和好呢？"或者问"你会怎样跟大哭的那一方沟通呢？你猜他的心情是不是糟透了？"

过程中，家长也可以跟孩子说自己的感受，自己是如何设身处地地体会别人的遭遇和处境，如何跟对方沟通与和解。孩子本是优秀的模仿者，他们正是通过模仿行为来发展共情，所以家长的想法尤为重要。

方法二：情绪辨别与反应游戏

孩子共情的前提是能够识别他人的情绪。家长可以夸张地展现出各种表情，如高兴、厌恶、愤怒、恐惧、悲伤、惊讶等，让孩子对情绪辨别和即时反应。

家长可以这样提问：

"爷爷刚刚不小心把手机丢进了水里，你看，他紧锁着眉头，是不是生气了？如果是你，你会生气吗？你有办法解决吗？"

"妈妈刚煮的菜太咸了，她一直低着头、嘟着嘴，是怎么回事？如果是你，你会怎样呢？有办法解决吗？"

"外婆被突如其来的响声吓坏了，你看她脸色都白了，她很惊恐吗？你会怎样帮助她呢？"

"爸爸呆呆地坐在那里望着天空已经很久了，他有什么烦心事吗？如果是你，你希望有人跟自己聊聊吗？"

不仅仅是家长的表情模拟和提问，平时当孩子看绘本和动画片时也可以这样沟通。例如，我们问孩子："你认为绘本中的狗熊心情如何？如果你是它，你会这样做吗？这样做其他动物喜欢吗？""故事里的小孔雀为什么伤心了？如果是你，你会怎样解决问题呢？""如果想让绘本里的猩猩和狒狒都开心起来，办法是什么呢？"家长也可以跟孩子分享自己心中的答案。

这些方法都是构建同理心的基础，由辨识转化为行动的过程。

方法三：与过往情绪体验相结合

家长可以将他人的情绪状态和孩子自己过往的情绪体验相结合来练习，因为孩子对于和自己熟悉的、相似的，或有着同样经历的人更能产生共情。

家长可以这样说："你的同学很生气，就像今天早上你被小烨撞到那样生气，你能感受到吗？""你看那个孩子找不到玩具了，就像之前你的娃娃不见了，你很伤心，估计这个孩子跟你当时的心情是一样的。"

家长还可以让孩子换视角来体验曾经发生过的情景。由孩子扮演家长，家长扮演孩子，家长模拟孩子过往的行为。例如，家长说："爸爸妈妈，你们这个玩意真好玩！"然后家长假装拿着危险的东西到处跑，让孩子阻止自己，但是孩子会发现这个劝服过程很有难度，会感到沮丧；又如，孩子扮演老师，家长扮演孩子，家长模拟孩子过往在课堂中的各种表现，当乖巧时，让扮演老师的孩子应对，当不专心时，也让扮演老师的孩子应对，这样孩子更能体验和感受家长和老师当时的处境，从另一个角度审视自己的行为所带来的影响。

方法四：加强家长的榜样力量

家长与孩子日常的互动方式直接指导着孩子与其他人互动的方式。

例如，家长带着孩子到小区玩，当看到有小朋友不小心摔倒在地上，还被其他孩子嘲笑时，家长可以问问孩子："你觉得那个孩子的感受是怎样的？我们快过去扶他坐到一旁吧。"当看到有小朋友孤零零地在一旁玩自己的玩具，没人理睬时，家长可以问问孩子："你看那边的小朋友，他正在自己一个人玩，我们去邀请他一起玩吧，这样他有可能会开心一些。"

又如，家长在孩子面前，对家人、朋友、邻居尊重与关心，热心帮助他们解决问题，主动安抚他们的坏情绪，这些都让孩子看在心里，直接影响孩子的行为举止。

不仅仅在外面，在家里也一样。孩子好不容易把拼图拼好，但不小心拆散了，他号啕大哭，家长千万不要否定孩子的情绪说："这么点小事就哭了！"而应该跟孩子确认他的情绪并建立连接，说："拼图散乱了，如果我是你，我也会很伤心，相信你此刻的感受就是这样。"因为家长的理解，孩子一般很快就会平静下来。我们给孩子作出示范，让他们学习如何设身处地地体会对方的遭遇和处境，让对方获得情感上的支持。

总之，家长要善于与孩子体验共情，有共情能力的孩子易于接受他人，也易于被他人接受，在交际中能想到别人的出发点，明确对方的意图和感受，而不会只是一味盲目地以个人情感来达到目标。

☁ 家长问题

都说女儿是贴心小棉袄，但是我家女儿却不是，无论是对小伙伴还是对父母，都很凉薄，她从来只考虑自己，我以后都不用指望她了。她常说："全世界都气死就好了！爸爸妈妈也是！"不知道我的教育到底出了什么问题。

扫音频，听答案！

6.开放式的思维提问与训练——强化孩子对冲突的思辨力

一般思维单一的孩子思考方式会比较停滞、迟缓、直接，以个人经验或道听途说来作为标准，有很大部分原因是他们没有接受过创造性和逻辑性的开放式思维练习，而当他们处在社交冲突时，就难以迅速灵活地调动思维来解决问题，因此头脑混乱，表达容易杂乱无章。

而那些在日常生活中被鼓励拥抱新思维，在非常规思考中下功夫的孩子，当他们遇到社交冲突时，会更能够审时度势、察微知巨，因为他们思维活跃，反应灵敏，可瞬间想起多种有针对性的方法。

举个例子，小冰正在排队滑滑梯，前面的朵朵一直呆坐在滑梯口，不敢滑下去。如果小冰日常没有开放式的思维练习，她也许会催促、威胁，甚至是以推人等不良手段来让朵朵尽快滑下去，那么冲突就一触即发。

但相反，如果小冰日常有开放式的思维练习，她会立刻转动灵活的小脑袋，想出各种点子来解决问题，如建议朵朵先让她滑下去，然后自己在下面接她，或者安慰朵朵不要害怕，教她如何扶着两旁的扶手滑下去。这类机智的沟通，不仅双方不会产生冲突，而且还能让问题得到解决。

所以，家长把开放式的思维提问与训练带进孩子的日常生活中，帮助他们组织新思维，接触多样化的逻辑思路，避免头脑的僵化和偏执，让孩子认识到解决问题的方法总比问题本身多。

方法一：问不寻常的问题

人的大脑就像肌肉一样，是需要不断强化训练的。家长多跟孩子玩"脑筋急转弯"，尽可能大开脑洞，发挥创造力，这样孩子会很感兴趣，也能满足本身思维成长的需求。

例如，家长和孩子排队结账，前面有很多人，家长可以问孩子关于规则以外、道德以内的"擦边球"问题："宝贝，如果你想下一个就轮到我们结账，有什么方法呢？"孩子可能会想好几个答案，如"我直接告诉收银员，请让我先结账。"或者"我告诉收银员我突然有急事，能否让我先结账？"无论孩子的答案可不可行，家长都要认同他们的想法。之后家长也跟孩子说说自己的想法："我跟前面排队的人说如果让我先结账，我就送他们每人一块大蛋糕。"

又如，家长跟孩子在外溜达的时候，看见一家水族店，家长可以问孩子："鱼缸里的小鱼都很健康，但为什么今天小鱼都纷纷撞向鱼缸的玻璃呢？"孩子思考后，可能会回答："小鱼突然想家，要游走了。"或者"今天水族店主人生病了，小鱼想游出来探望她。"家长点评了孩子的答案很有道理之后，再给出自己的答案，说："刚才打雷，小鱼都惊慌失措地想要逃跑。"

　　总之，家长多用不正常、不真实的现象来发问，如"太阳晒得厉害，但是衣服总不干，为什么呢？"或者"游乐场里都是大人小孩，为什么大家都安安静静的呢？"或者"突然，河水都变成了紫色，为什么呢？"……

　　过程中，家长要多欣赏孩子的积极思考、厘清思路的状态，对创造性和灵活性的答案支持和延伸，这样会让孩子更加热爱这种脑力大挑战。

方法二：创造机会多做主观题

　　我们会发现，家长问任何问题，孩子的答案并不一定都是我们所期待的，他们都有自己的想法。那么，家长大可以顺水推舟，顺应他们的思维来互相交流想法。家长提出的应该都是可以启发孩子灵活思考、发挥主观想象、没有绝对标准答案的问题。

　　一些与想象关联的提问句式，家长可以使用起来：

　　（1）我相信你已经经过严密的思考，你能说说这是为什么吗？

　　（2）还有什么方法让这个作品更有创意呢？

　　（3）你认为之后还会发生什么事情呢？

　　（4）既然如此，你觉得还可以做哪些事情来改变现状呢？

　　一些切换角度的提问句式，家长也可以使用起来：

　　（1）（正面角度）从你的角度看，你认为是如何的？

（2）（侧面角度）从我的角度看，你认为我会怎样想？

（3）（时间角度）如果这事发生在上周或者下周，你认为会有怎样的变化？

（4）（外界角度）如果你完全没有参与其中，你猜你会如何看待这件事情？

家长多跟孩子讨论这些不被局限的开放式话题，不仅有利于孩子对问题的思辨能力，而且能够帮助孩子积累更多逻辑思维方式。同时，孩子的不同意见也需要有表达的机会，被重视和商讨的过程，他们所获得的启发会更多。

方法三：听故事

拓宽思维和锻炼思维灵活度还有一个很好的办法就是让孩子多听故事，注意这里说的仅仅是"听"，并不涉及视觉体验，这样比看绘本听故事更能促进孩子的想象力和创造力，因为绘本上的图片已经限制孩子的奇思妙想了。

打个比方，家长给孩子听《哪吒闹海》，但不一定给孩子看哪吒究竟是怎么样的，然后，家长让孩子用家里的道具扮演哪吒，又或者让孩子画出自己心目中的哪吒。如果孩子在扮演哪吒时会把小型健身圈当作乾坤圈，把轮滑当作风火轮，把晾衣叉当作火尖枪，把跳绳当作混天绫，那就是说在他心目中哪吒的兵器跟这些物品相似。无形中，孩子正是对故事和人物进行概况、提炼和创新，这就是一个无限可能的思索旅程。

一千个读者有一千个哈姆雷特，无论孩子联想的东西跟我们读出来的是否有差别，我们都无须纠正，只需要鼓励孩子继续想象下去就行了。故事中的很多细节都是让思维绽放与突破的好契机。

方法四：看不同版本的同一个故事

家长可以找一些拥有不同版本的故事，即同一个故事但有着截然不同的情节与结局，在一个大跨度的时段内跟孩子贯穿阅读，这样既能让孩子思考得更加活跃、扩张，也能促进逻辑性在不知不觉中进步。

例如，在孩子读了原版《三只小猪》的基础上，家长再让孩子读乔恩·谢斯卡的《三只小猪的真实故事》。这个故事完全跳出了《三只小猪》的思维方式，不仅能让孩子理解"正方"与"反方"的概念，还能引导他辨别事情的是非曲直，更能引起思维大风暴。书中呈现的不再是一贯凶狠恶毒的狼，而是一只敦厚老实的老狼，他对在《三只小猪》里犯下的罪行进行"洗白"，家长把他的辩解读出来，再由孩子观察图画来发现狼的真实面目。最后，孩子是相信狼周密完整的解释，还是相信自己火眼金睛的新发现，这种辩证的思考，就是读这本书最大的意义。

看了《三只小猪的真实故事》之后，家长再给孩子读大卫·威斯纳"盗梦空间"式的《三只小猪》，故事中的狼把小猪吹到《鹅妈妈》《武士屠龙》的世界里，最后还是回到原本的故事中来，穿越的情节又让孩子对三只小猪的认识"翻新"了一遍，不仅能启发孩子的想象力，更能带动大脑不停地运转。

这种独特的方法解锁了孩子思维的局限，逐渐地，思辨能力会像水一样具有流畅性，从而在外界能更敏锐地解决社交冲突。

影响孩子思维发展的，必然是家长与孩子的交流方式。所有有技巧的恰当的交流方法都具有强大的驱动力，对孩子社交思维和习惯有着积极的推进作用。

家长问题

我跟孩子从小玩智力游戏，可她都不喜欢玩，经常逃避我的问题。我总认为她是个很不爱动脑筋、不爱学习的孩子。请问，我该怎么办？

扫音频，听答案！

7.建立豁达的相处方式——防止孩子社交"小心眼"

如果孩子过于"小心眼"，容不得同伴一点点批评与指责，或者经常把别人的不小心碰撞误认为是有意的招惹，又或者对别人的小小缺点放在心里，那么孩子更容易跟同伴产生冲突。

例如，霖霖埋怨好友小馨给大家分贴纸时分了最小的给自己，硬说是因为小馨不喜欢她才会这样，还要求小馨给自己道歉，小馨没有按霖霖的意思去做，两人便吵了起来，互不相让。

相反，如果孩子拥有豁达宽容的品质，能接纳他人的小缺点、小误差，不斤斤计较，这样不但能让双方身心愉悦，还能帮助自己寻找更持久快乐的社交模式，拥有良好的心理状态。

对于孩子来说，要做到豁达，确实是件比较困难的事，因为他们的世界本来就是执着绝对的。那么家长该如何引导他们呢？主要有以下几步：

方法一：过错需要宽容，成绩不需过分夸赞

家长对孩子的爱应该是稳定持久的，不能在孩子犯错时就把他们当作"出气筒"，在孩子听话时就过分夸赞溺爱。

家长希望孩子豁达，首先应当从原谅孩子的错误开始，让孩子知道解决问题的办法不是指责而是宽容，这样，不仅能让自己开心，他人也同样开心。如果孩子能从家长的表率中理解到这一点，那么在社交中就会减少很多不必要的纠纷。

心理学家发现，家庭这个安全港湾可以为孩子提供精神上的高度支持，促使大脑分泌神经递质，产生被关爱的愉悦感。当孩子在充足的家庭关爱下生活，他们待人会更加豁达宽容，

更能保持健康的情绪、拥有较高的社交能力和解决问题的能力，因为大脑仍然会惯性地提醒他们去获取这种愉悦感。

但要注意的是，日常生活中家长不要对孩子过分地夸赞，否则他们会对表扬极度依赖，逐渐远离家长所希望塑造的豁达。当孩子开心大笑时，家长就夸张地感叹道："宝宝的笑声实在太美妙啦！"当孩子自言自语时，家长又不失时机地表扬说："宝宝真聪明！你说得真动听！"当孩子剪纸画画时，家长竖起大拇指说："实在太厉害了，宝宝怎么这么能干！"

这些过分的夸赞带来的后果是：内心膨胀。①扭曲了孩子的自我意识，孩子以为"我=世界"。孩子会变得只愿听好话，听不进一丁点批评，看不惯他人对自己的不满，即使别人提出善意的小意见，也会产生抵触情绪；②扭曲了孩子的内心构建，孩子除了自己，看不到他人的存在，不喜欢所谓的"不够优秀"的朋友，对自己有着过高的期待和评价，一旦在外遭遇小挫折、小冲突，很容易变得愤怒、压抑，幼小的心灵无所适从。

而家长夸赞有度，孩子大多能看到与他人的边界，懂得释怀，不容易积怨记恨在心底，内心更加坚定，自信明理。

方法二：不要在孩子面前错判他人

家长有时候有意或者不经意地错判别人，我们总说不要为自己的孩子乱贴标签，却把负面情绪投射到别的孩子身上。如果在孩子面前形成了鄙人之能、讽人之缺的说话模式，那么他们也爱把社交冲突归因于他人身上，一味狭隘地想着对方应该如何补偿和负责任。

例如，孩子在吃饭时用嘴巴叼着筷子，家长说："不可以这样，你从哪里学的？"孩子一脸无辜地说："我的同桌最喜欢这样啦。"家人凶巴巴地说："他这样肯定是错误的，你不要学他，太危险了！"家人凭孩子的一句话就立即评判他的同桌，这是很多家长的第一反应。其实，这是没道理的，因为我们无法得知同桌究竟是否如我们孩子所说的那样，就算是，我们也不知事情的前因后果。

家长应该对同桌的"错误"置之不理，按实际情况对孩子说："筷子是用来吃饭夹菜的，而不是叼在嘴里或者玩耍的，这样很容易戳到喉咙，后果会非常严重。"我们这样说话，说明问题还是我们自身的问题，需要想办法去解决，而并不是归咎于他人。

又如，孩子每天都问妈妈："你说我的裙子漂亮，还是我同学的裙子漂亮？"家长没见过孩子口中所说的同学，却说："当然是你的裙子漂亮了。"这样，孩子就总会认为自己比别人好看，久而久之，孩子不能拥有一颗豁达的心去看待自己的缺点，对真实状态缺乏认知。如果日后在社交中发生冲突，孩子也难以包容对方，优越感让她一味认为对方有问题，自己不存在问题。妈妈应该这样回应："你的裙子真的很漂亮，但我没有见过你同学的裙子，我猜她跟你一样，认为漂亮才穿的。"

让孩子脱离局促的格局，体会到豁达的意义和所带来的乐趣，家长不仅不要在孩子面前错判别人，还要注意多引导孩子认识自己的缺点和不足，让孩子知道缺点和不足乃人性的必然，胸襟从来都是补己之短，扬人之长。

方法三：去除偏见

家长需要消除孩子对某些群体的负面态度。当孩子对其抱有偏见时，就难以喜欢这个群体或者成员，对他们有许多消极的看法，从而产生更多社交冲突。例如，有些孩子就是嫌弃有烂牙的小伙伴，不愿意跟他们玩，处处是怨言。有些孩子就是很讨厌衣服破旧的小伙伴，从内心抵抗他们，这些都是因为孩子的预设立场起了作用。

孩子在社交中会产生一定的距离感，这是他们把以前的经历和感受投射到了新的关系里，在体验新的关系时产生很多防备与负担。对于孩子来说，这种经历和感受与家庭教育息息相关。

首先，家长要直面自己如影随形的偏见。有些成人会认为戴眼镜的孩子运动能力弱，运动能力强的孩子成绩不会好，成绩好的孩子打游戏会很差，打游戏好的孩子不愿意做家务……我们只有改善了自己的思维模式，才能有破除孩子对事物偏见的可能，拥有更广阔的理解能力。

其次，家长要时刻检讨自己说出来的话是否带有偏见，是否习惯性地把观点、情感扭作一团扔给孩子。例如，一个男孩子要买《白雪公主》《灰姑娘》，他的家长强烈阻止，不允许他接触女孩子娇弱柔美的童话世界，非要他看《蜘蛛侠》《黑猫警长》不可，这就是偏见。既然妈妈希望男孩子成为"大丈夫"，那就更应该让孩子敞开大门接收更丰富多样的事物，这样孩子才有更广阔的心胸和开放的情感。

也就是说，孩子在家长的影响下产生偏见，就像走进了黑暗的迷宫里，这个迷宫本身根本没有出路可以抵达看到真相的目的地，孩子的社交必然是偏颇的。相反，我们不再在认知上纠缠，孩子自然没有迷宫可进，目的地就在脚下，能积极感受真实世界的孩子才不容易在社交中产生冲突。

我们相信，每个孩子都是极度敏感的"接收器"，以上的方法，都能让孩子拥有专属于自己看世界的包容眼光，终归在社交中收获得美好的结果。

☁ 家长问题

孩子6岁了，即将上小学。常听别人说，小学的社交生活要比幼儿园的复杂很多，真的是这样吗？我需要让孩子做哪些准备工作呢？

扫音频，听答案！

第四章

当孩子处于冲突中，家长当场的引导方法

1.当孩子与同伴争吵时，家长该如何说？

当孩子跟同伴争吵时，无论场面多火爆，家长都不要把冲突完全当作是件坏事来看，它并非权力争夺的战场，而是一种正常的社交磨合过程。

首先，会争吵的孩子，证明他们已经顺利地进入了语言敏感期当中。孩子喜爱通过感受自己、他人和环境来表达内心的声音，并且在没有多思考的情况下破口而出。在这个过程中，孩子发现各种形式的语言威力，它会让对方产生一系列反应，正当他们更深入地体味语言所带来的影响时，并没有觉察到有相当一部分是会带来伤害的，只是一味地沉浸在自己的语言探索中。

其次，会争吵的孩子，证明他们能够灵活运用语言这一工具来实施权威。当孩子表达时，对方特别抵抗或伴随强烈情绪，那么孩子就会认为这种语言能够彻底掌控着对方，于是他们越说越激烈，从中感受自己是强有力的独立个体，具有权威感。

最后，会争吵的孩子，证明自我意识发展得很好。3~7岁的孩子处于叛逆期，他们希望进一步展示"自我"。当受到外界力量的刺激和压制时，他们会很容易爆发小宇宙来作出反抗，争吵就成为孩子最直接表达逆反情绪和释放压力的途径了。

那么，当孩子跟同伴争吵时，家长该怎么办呢？过程中家长大可以坚定内心，冷静客观地观察，不要急于干涉，给予孩子充足的时间和空间去自行解决冲突。但在必要时，家长可以引导孩子表达内心感受。

很多时候，孩子跟对方争吵，并非真的要把对方"赶尽杀绝"而大获全胜，他们只是不甘心就此输给对方，要在这一战中坚持到底，留有颜面。所以家长应该启发孩子主动设置阶梯让双方走下来。

首先，家长让孩子冷静下来，跟他来到没人的角落，等他能把话听得进去的时候，再问孩子现在的心情是如何的，如果孩子说不出，家长可以代替孩子说出来。

例如，"他刚刚拿了你的东西，你跟他要回来他不给你，所以你很愤怒！""他刚刚这样笑话你，你伤心了，以至于你狠狠地骂他，是吧？""你现在很痛苦，很希望他能理解你，正如你的好朋友体谅你一样。"

当孩子听到家长对自己内心的描述后，那些闭塞的情感自然就会流动起来。家长通过这样的说法，让孩子也学着用同样的方式去表达愤怒、难过、郁闷、疑惑，而不是采取吵架的方式。

然后，家长尝试鼓励孩子积极面对对方并表达想法，在我们的帮助之下采用精确的词汇，而不是用一些过激的词语以免重新引发口角。像这样表达："我觉得你刚刚的话刺痛了我，我很难受，我不喜欢你这样，所以才骂你的。"又或者说："你的游戏方法让我很难堪，我不喜欢这样古怪的行为，玩的时候能够体谅一下我吗？"

无论孩子能够表达到什么程度，对方能否作出积极的回应，这些都不重要，重要的是家长让孩子掌握了表达内心情感的方法，学会打开心扉，不压抑坏情绪，以这种方式代替各种攻击性语言，这样，之后孩子跟同伴争吵的几率会逐步消减。

让孩子懂得如此表达，不仅有利于解决当前争吵的问题，更重要的是让孩子生活在一个积极正向的语言环境中。这种语言环境的深邃之处在于能形成孩子对情绪的深悟，继而影响整个有温度的社交与生活状态。

家长问题

孩子在家里经常跟长辈顶嘴，我们越制止他，他就说得越凶，但是一到外面跟别人吵架却"怂"了起来，这是为什么呢？怎样才能让孩子在家在外的表现"平衡"一点？

扫音频，听答案！

2.当孩子与同伴打架时，家长该如何说？

对于孩子之间的打架，也许孩子是在用肢体动作来代替情绪的语言，因为他们并没有成熟的语言表达技巧；也许孩子希望引起对方或家长的注意，来满足他们对被关注的欲望；也许孩子真的很希望跟对方玩，认为展示力量是种很好玩的"游戏"，但是还没掌握有分寸的社交界限；也许孩子没有一个正确的是非观，看待事情过于简单，对结果有着错误的认知……原因很多，最终都有可能形成孩子与同伴打架的行为。

心理学家研究发现，孩子打架，大多是通过他们自身意愿来终止解决的，而并非由于外界力量所制止。也许孩子在打架时把情绪和力量都释放了出来，在他们的世界里就等同于冲突被解决了，于是才停手；也许他们其中一方赢了，获胜之后对失败者感到怜悯和原谅，就会主动停手，对方也随之停手；也许他们其中一方输了，不得不投降求饶，逃跑或主动停手，对方也随他罢了……

因此，如果孩子之间的打架没有什么危险性，只是小打小闹，肢体上的动作并没有造成什么严重后果，孩子双方又没有过多的追究，那么家长只要确保孩子安全就可以了，站在一定的距离观望，不需要急着插手。

但是，如果孩子情绪失控，出现了比较重手的攻击、撕扯、推搡对方的行为，那么家长就需要介入了。

1.当场阻止

家长眼看孩子气势汹汹地打人，应当出手制止，拉开之后，要让孩子明白到，刚刚他这么做是不被接受的，如用坚定的表情、果断的声音明确告诉他这种行为是错误的，说："妈妈很爱你，但这个行为不可以。"这样说非常重要，就是告诉孩子我们在处理问题时要把感情和事件分开。如果孩子在被制止时有喊叫、哭闹等激烈的反抗情绪，家长便蹲下来直视孩子的眼睛，抱抱他或拍拍他，直到他安静下来为止。

2.共同寻找打架背后深层次的原因

当孩子安静下来后，家长可以轻轻问孩子："妈妈知道你现在很难过，但是你能告诉妈妈到底发生了什么事吗？"家长要耐心倾听孩子对打架的描述，了解清楚事情的来龙去脉，这时我们会发现，从孩子的角度，是有更深层次的原因，与家长原来的认知有很大的区别。

过程中，家长不要评论孩子所说的，而是以重复他的话或者用"你认为……""你觉得应该……"来引导孩子尽量把内心的话都说出来；接着，家长再问孩子："我现在明白了，但是，刚才你这样解决问题，你觉得对方的感受是怎样的？"当然，孩子知道对方也跟自己一样难受，家长再继续问孩子："除了刚才的做法，你认为有什么更好的方式能让你和他的感受好一些？"

其实孩子或多或少知道自己的行为是错误的，他们大多会想出另一种更合适的解决方式，即使孩子说得不对，家长也不作判断，而是认同他们，然后家长再给出自己的解决方式，跟孩子共同探讨哪个解决方式是可取的。

家长需要正面积极地鼓励孩子而并非一味地否定他们，这样孩子才会真正感受到家长的爱，同时也能防止他们产生逆反心态，巩固安全感，心服口服地把错误修正过来，当下一次跟

同伴遇上冲突时，也懂得灵活运用过往跟家长一起商讨过的解决方法。

3.表达支持与接纳

当完成了上述沟通之后，家长可以加上这些话：

"你是独一无二的，我相信你能够做得更好!"

"我知道你能处理好自己的事情，如果需要，我会和你一起面对，尽我的力量支持你。"

"不管遇到什么事，我们永远爱你!"

当刚打完架的孩子听到家长说这些话时，就像获取了足够的精神食粮，会很有安全感、价值感和尊严，迅速建立起信心让自己负起责任并做得更好。以后，当再次发生类似事件时，孩子也会学着家长的沟通方式跟对方好好沟通，尽量调整关系，不过度反应。孩子会认为，无论结果怎么样，爸爸妈妈都会爱我、相信我。

4.及时欣赏

如果之后孩子改为用善意的方式来沟通、解决问题，那么家长记得要及时欣赏和鼓励，说："妈妈注意到你对小伙伴很有礼貌，你有很大的进步!"或者说："我很高兴，你解决问题的能力提升了不少!"这些说法都是强化孩子的正面行为，巩固正确的人际交往模式。

在整个过程中，家长注意不要踏进以下几个禁区：

（1）用激烈的语言批评或无奈地任由孩子为所欲为，这些都会助长孩子的脾气。

（2）孩子不明白过于复杂的解释，反反复复地讲太多大道理，反而产生反效果。

（3）急于马上让孩子道歉，在激动的时候非得要他们承认错误，这些都是极力维护自己面子却严重忽略孩子心理需求的表现。

这四步沟通法，我们完全没有纠缠于"你这样不对""打架是不恰当"的空洞原则中，而是帮助孩子认清人与事之间的关系，建立更好的自我认知与社交认知，让他们更好地把注意力放在探索问题根源的本身和解决冲突上。

☁ 家长问题

孩子以前不爱打架，自从上了中班之后就经常打架。因为爸爸突然被调到国外工作，父子俩甚少见面，爸爸每周跟孩子打电话和通视频的次数也越来越少，我认为孩子的行为与爸爸的疏离有着密切的关系。请问，我该怎么办才好？

扫音频，听答案！

3.当孩子打回去或者不打回去时，家长该如何说？

如果被同伴打了，孩子不打回去，家长需要教他打回去吗？当孩子打回去时，家长需要制止吗？对于这两个颇具争议的问题，许多家长会心存疑惑。

当孩子不打回去时

孩子被打后只是一味伤心，不懂得还手，对此，有些家长既为孩子抱不平，又"恨铁不成钢"，便强势地逼迫说："你只懂得哭，有什么用呢？打回去呀！"这些家长思维狭隘、认知肤浅，给了孩子重重的的包袱和枷锁，这样，孩子的社交路只会越走越下沉。

尤其是那些自我价值感和认同感不高的孩子，在被打后只会感到惊恐无助，根本不知道或者忘记了该如何保护自己，孩子无法自行处理，在家长督促、强迫下，他们就更加不知所措、慌张不已。

打人的孩子一般体型上比较强壮，精神上比较顽强，如果孩子真的按照家长的意思打回去，使用错误的过激的反抗方法，也许会惹得对方更加疯狂地继续欺负，导致事情不可控，往往这样对于打人者来说才是正中下怀。

逼孩子"打回去"的直接后果就是让孩子成为囚徒困在痛苦和自卑中，也生硬地扭曲了孩子"不计前嫌"的好品格。如果以后遇到被打，孩子会认为这是天理不容之事，内心恐惧和心灰意冷，更不会告诉一个曾经暗示过对自己没信心的父母。

家长的意图是缓解孩子的冲突，而并非减少自身的焦虑，因此一切都要站在孩子的立场上去解决：孩子被打了，当他不打回去时，我们认可他当时的想法。说到底，家长一定要相信自己的孩子。虽然孩子的表面是平静的，但他们的内心有可能是惊涛骇浪的，很多时候孩子心底有自己权衡利弊的方法，明白谁打得过，谁打不过，只是作为家长的我们没能洞悉孩子的内心世界而已。

当孩子打回去时

有些家长看到孩子被打后激动地还手，会批评说："别人打你，你不可以打回去！你怎么能跟对方一样粗暴呢？"

传统文化教导孩子要"以德报怨"，但是"德"很可能把他们黑白分明的判断给局限了；教育专家要求家长培养孩子善良的人格，但是并不等于让孩子把底线藏着掖着以致身体承受到伤害；大众思维拒绝人类"以暴制暴"，但是不铿锵有力地把人性最基本的自卫本能展示出来，那何来健全的精神？

这个情况下，家长应该完全相信孩子自己的判断与选择，不差毫厘地尊重孩子的决定与坚持。孩子被打了，当他下意识地打回去时，家长不需要作出过多的干涉。"教养"并不是忍气吞声，"厚道"并不是没有原则，"刚"正是不可或缺的处事之道。但是，家长一定提醒孩子自卫必有度，不能太过而伤及他人，让别人明白他的恶意行径是会受到惩罚的即可。

所以，对于孩子打回去，不管与约定俗成的社会道德、行为规范是否一致，只要家长用同理心去接纳和肯定孩子，这必然是孩子最牢不可破的铠甲、最坚如磐石的后盾。

当孩子不打回去时，家长让孩子打回去，又或者当孩子打回去时，家长不让孩子打回去，实质上，这些家长并没有觉察孩子的心理变化过程，只是关注自己的感受，他们刻意改变孩子的行为，这正是自己内心的投射，凡是由家长的投射来驱动孩子的行为，而并非孩子自己的意愿，都会形成一定的社交压力，那么孩子的社交成长就会像苦涩的盐水，时间可以把它冲淡，但绝对不会变甜。

相反，通过家长的理解和支持，当孩子不打回去时，家长支持和认同，当孩子打回去时，家长支持和认同，那么孩子的安全感和快乐感替代了社交中的紧张感和恐惧感，这种以自我方式成长的过程是自然而然的，他们将会拥有更多机会来塑造自己的社交技能。

家长问题

老师反映孩子在幼儿园经常跟别的孩子闹矛盾，让我多加管教，所以我希望在家多给孩子灌输一些行为规范。然而一直以来，孩子在家里不愿意跟我玩游戏、聊天，更不愿意听我讲道理，这让我感到很失落。他唯独听姥姥的话，作为妈妈，我该如何管教孩子呢？

扫音频，听答案！

第五章

家长与老师有效沟通，助力解决冲突并
减少负面影响

1.孩子打人了，该如何跟老师沟通？

下午放学时，老师跟隽隽妈反映，最近隽隽总爱打小朋友，如隽隽争抢不到玩具，听到同学说他的"坏话"，或者发现同学不跟他玩的时候，他就直接用拳头来解决问题。

隽隽妈一听到隽隽打人，便火冒三丈，当着老师和同学的面指着隽隽大骂："臭小子！你怎么能够打人！我平时是怎么教你的……"然后转过身气冲冲地跟老师说："这个孩子不管教不行的，我回家好好教训他，如果老师日后发现他再打人，你也不要手软！"说完便拉着被吓得脸青唇白的隽隽离开，在路上不停地指责、呵斥。

如何正确地跟老师沟通？

当隽隽妈听到老师说隽隽打人时，她首先要做的应该是冷静，跟老师说："真的很抱歉，孩子的做法是错误的。"

当隽隽妈承认了错误后，再心平气和地问老师："请问老师，隽隽是由于什么事情而打人呢？"

当老师把隽隽打人的事件还原后，隽隽妈可以这样应答："谢谢老师的关注，我们回家会好好地思考原因和针对性地教导孩子，也希望老师平时多观察、提醒和帮助孩子，就背后原因来引导孩子的行为。其实孩子本质善良，很有可能是他的表达能力没有跟上，拳头就马上出来了，情绪也跟着上来了，但是我相信，只要我们双方多关注他，进一步提高他的表达能力，很快他就会改正过来的。我们日后密切联系吧。"

最后，隽隽妈不带任何埋怨和怒气跟隽隽像往常一样离开。

沟通方法大总结——家教为重

孩子在幼儿园里打打闹闹是在所难免的，老师主动跟家长说"孩子打了同学"也是很多男孩子家长经常需要面对的事情。

有的家长听到孩子"打人"会像隽隽妈一样用打骂的方式来制止孩子的行为，以免下一次再犯，甚至会立即拉着孩子向对方家长赔礼道歉，希望对方家长能够冰释前嫌；有的家长听到孩子"打人"会立刻为其辩解护短，判定是对方先惹他的，又或者说孩子从来都是个乖孩子，不相信他会这样做，又或者推脱责任，说是家里的长辈太宠他，都是长辈的错……

这些说法不仅不能解决孩子打人的问题，甚至会加强他们打人的行为，而且让老师认为家长的家教很有问题，对孩子的家庭留下不好的印象。

那么，遇到类似情况我们应该如何跟老师沟通呢？

第一步，道歉。无论是出于什么无辜的原因，如果孩子确实是动手打了别人，那么家长的道歉是必须的，我们千万不要尝试去逃避，要勇于承认，做个好榜样。

家长需要跟老师说："真的很抱歉，这件事给您添麻烦了。"这样的表达，老师会觉得家长不盲目护短、随心所欲地骄纵孩子，这一家都是有家教之人。

第二步，询问原因。家长诚恳地问老师："今天发生什么事情了？孩子动手是出于什么原因吗？"

我们这样问，可能老师会给予详细的答案，又可能老师并不太清楚整个事情的起因，只是最后看到孩子狠狠地打人了。无论老师答什么，我们都不要埋怨老师对事情的清晰程度，毕竟孩子的事情老师也不一定能够完全看得全面、调查得一清二楚的。

这时，家长要保持理性，不当众对孩子处罚或者动怒，不责怪或质疑老师。

第三步，表明自己的做法。家长可以这样跟老师说："我们会好好地思考原因和教导孩子，也希望老师平时多观察、帮助孩子。孩子本质不坏，只是社交协调能力有待进步，只要我们双方多引导他，我相信他很快就会改正过来的。"

我们这样说话，说明家长对打人行为不会置之不理，回家会针对性地教育，同时跟老师提出要求，让她们也多关注和帮助孩子，未来我们双方还会对孩子进行跟踪行为和检验教育手法。

这里需要重点突出的是，请老师相信孩子优秀的一面，也分析孩子生理心理的限制。意思是说，只要老师能够理解孩子行为背后的动机，再加以分析和引导，就能够明白孩子还是那个优秀的孩子。

第四步，询问对方家长的联系方式。如果家长从老师嘴里得知对方家长也获知此事，或者我们自认为事态比较严重，那么可以直接问老师："请问我怎样跟对方家长联系上，我想亲自跟他说声对不起。"当从老师手上拿到联系方式后，我们可以找到对方家长致歉，然后把这个结果再次告知老师。

但是，很多家长之间本来就是认识的，不需要找老师要联系方式，要注意的是，我们找对方致歉的过程也最好让老师知道，为什么呢？因为只有这样，老师才会更加了解我们一家都是有家教的、有礼貌的，而且老师本来就倾向于讲道理的、高素质的、会全面支持班级工作的家长，如果日后有什么事情，老师会更愿意跟我们主动商讨，共同寻找解决方法，对我们孩子的教育特别有信心。

对于上述"打人"的问题，家长越善于跟老师沟通，老师就越会站在孩子的角度出发，越艺术地处理事件。而一切良好的沟通，完全来自家长对老师"投诉"心理的理解和洞悉。

对于老师的"投诉"，家长要清楚这并非孩子真的很坏，而是老师希望争取家长在教育孩子方面的一致性，又或者只是反映，甚至是抱怨一下，并不是真的属于让她们很头痛的问题，等等。

有了这些理性的认知基础，家长才不会被"投诉"冲昏头脑，不分青红皂白地站在孩子的对立面来痛批他们，而是把着眼点放在跟老师客观且细致的沟通上，搭建稳固的桥梁为解决问题而努力。

○ 家长问题

我舅舅很喜欢我女儿，因为他的孙子和我女儿是很好的朋友，所以他经常会送礼物给我女儿，一送就是一千多元钱的衣服。有一次，我女儿跟其他亲戚的孩子玩的时候竟然推搡了对方，我不知道这孩子怎么想的，孩子会不会因为他们没有这样送礼，而产生不好的想法呢？

我不想孩子从小就收到这样贵重的礼物，我们小家庭也是没有这个条件提供给她的，感觉这样收礼会误导孩子，让她变得虚荣，让她觉得收礼是理所当然的。请问，我应该怎么做？

扫音频，听答案！

2.孩子被打了，该如何跟老师沟通？

一天，小谢妈接小谢放学时，发现孩子伤心地哭个不停，老师告诉妈妈小谢被同桌打了。原因是小谢坐错了同桌的椅子，同桌多次提醒后小谢仍然没有察觉，同桌一冲动，拳头就挥过来了。

小谢妈一边安抚一边对着孩子嘟囔："你被打了，老师当时为什么不阻止呢？老师不是应该多注意那些会打人的孩子吗？怎么老师一不留神就出事了！"其实小谢妈是刻意让站在旁边的老师听到自己的不满。

这样，老师看到家长对自己的不理解，也无言以对了。

如何正确地跟老师沟通？

当小谢妈发现孩子一直在哭，应该先安抚和拥抱孩子，等孩子平复下来，再私下找老师沟通。

当听到老师说孩子被打时，小谢妈应该豁达一点看待问题，马上平和地说："小孩子们打打闹闹总会有的，这次的事情是一个教训。"

接着小谢妈应该说："我会回家加强孩子的自我保护教育，但是我可能教得不够好，而且孩子一向比较听老师您的话，所以希望老师平时也多关注和帮助他，我相信孩子在我们的引导下会更注意与同伴的相处方式的。"

这里要注意的是：如果小谢跟同桌经常发生冲突，那么小谢妈可以直接向老师提出把两个孩子分开一下。小谢妈可以这样说："老师，听您之前说过他们经常纠缠在一起，这些事情可不是一两次了，按照老师的意见，把他们分开来坐或排队是不是更加适当呢？也有利于老师您的管理。"小谢妈这样说的目的是减少冲突，老师是明白意思的。但即使小谢妈不这样提出来，相信老师也会考虑到这一点。但如果小谢和同桌不是经常发生冲突，那小谢妈就不用说这些话了。

沟通方法大总结——表示被动

"人在江湖飘，哪能不挨刀？"学龄前，孩子在园被同龄人打十有八九，有些家长恨不得他们立即变成李小龙，做到无坚不摧；有些家长则希望他们学会悄无声息地容下眼中的沙子。无论被打的过程和结果是什么，我们都要认识到所有应对的方法和观点皆不能纸上谈兵，更不是放诸四海而皆准，但有两点是共通的：

1.家长得松开眉头，宽容看待问题

在现实生活中，小朋友一旦有矛盾，手脚很快就派上用场了，一个班30多个孩子，有时老师确实很难第一时间把他们拦截住，所以这并不代表老师没有阻止冲突的发生，家长要对老师将心比心，千万不要一看到自己孩子被欺负了就怒火攻心。

我们仔细想一想，如果像案例的小谢妈那样对老师埋怨，其实对孩子日后的幼儿园生活并没有什么好处，老师会觉得这家人没有听任何解释就紧张兮兮地责怪老师，那么老师以后很有可能就会特别避免让这个孩子参与某些群体活动，防止再次发生什么意外而惹怒这家人，最终家园双方建立不起互相信任的关系。

2.家长在跟老师的沟通中，要维持一个快乐的结果

首先，家长要表示打闹是一件正常不过的事情。这样说，是表明我们是很有风范、气量足的，而绝对不是什么斤斤计较

之人，重要的是让老师知道我们信赖他们。

其次，家长要表示家庭的自我保护教育会提上日程，也同时要求老师对孩子给予更多引导，双方一起让孩子懂得如何"不受欺负"，然后跟老师提出家园合作，共同帮助孩子扭转"被欺负"的局面。毕竟对孩子最好的保护，就是让他们学会自我保护。

我们这样说，表明我们在整个事件中处于不利的被动状态，我们就是受害者，拥有申诉的权利，而且我们应该得到老师的热切关注，对孩子进行额外的引导。

最后，家长要提出展望并建议日后经常联系。我们这样说，是为了表明我们需要对"被欺负"的事情进行长期观察。

这里要注意的是，家长在沟通时千万不要把愤怒都通通放在脸上，然后急匆匆地去找对方家长"算账"，无论什么情况，一定要先跟老师这个"裁判"沟通。如果我们确实需要跟对方家长说明白，那么最好也是通过老师来进行对话，因为老师这个角色好比是个"证人"。

为什么呢？对方家长在老师面前不能抵赖；对方家长在老师面前会更加相信这件事情的真实性；对方家长在老师面前会更加配合并愿意回家教育孩子。试想一下，如果没有老师这个"裁判"在，效果会相差甚远，我们一旦很不幸地遇到不负责任的家长，对方很有可能会敷衍推责，沟通就成无用功了。

对于孩子被打的问题，相信每个家长都会特别揪心，但是

作为理性家长的我们，更应该用适当的沟通方式来争取老师最大限度的支持。从老师的角度来说，家长的接纳和相互扶持是她们的根本需求，所以，家长充分发挥语言艺术的魅力是最起效的措施。

家长问题

我家孩子被人欺负后总爱向大人告状，自己却不懂得解决，后来演变为连芝麻绿豆的事情都要告状。我该怎么引导孩子呢？

扫音频，听答案！

3.孩子过于好动而引发冲突，该如何跟老师沟通？

老师曾多次告知睿睿妈，睿睿因为过于好动而引起小伙伴的抵抗，冲突和被告状成了他的家常饭，但睿睿妈觉得孩子好动很正常，一直对这件事置之不理，直到后来听到睿睿在夜里挣扎着说"不愿意上幼儿园、害怕老师"的梦话，睿睿妈担心睿睿白天在幼儿园里被老师惩罚，于是直接去幼儿园找老师了解。

睿睿妈生气地跟老师反映孩子回到家就嚷着害怕上幼儿园，问老师是不是对孩子过分严厉了。老师一听睿睿妈有质疑的意思，就反驳睿睿妈，认为家长应该配合自己一起引导孩子，而不是片面地听孩子说，特意来找事。

最后睿睿妈眼看老师对自己有所不满，不知道如何摆平这件事情。

如何正确地跟老师沟通？

在沟通中，情绪占了70%，内容只占30%，如果家长和老师的情绪与氛围不对劲，内容就会被扭曲，或阴阳怪气，或具有挑衅的味道，当然，受害者只会是孩子。

首先，睿睿妈在跟老师了解事情的前因后果时，不应该早早就把老师置于对立面上，所有带有戾气的沟通都会掩盖我们原有的善意，大面积激发对对方的反感。

其次，睿睿妈不能把孩子的"过失"转移到老师的"过失"上来，在没有道歉的情况下直白地指责老师不当的处理方式，尤其是只凭一些虚幻的现象作为证据，如梦话，否则老师会认为家长过于敏感，不信任自己的教育模式。

睿睿妈正确的沟通方式应该是这样的：

睿睿妈询问老师关于自己孩子的社交行为，当老师指出孩子的确有打扰他人和老师时，应该脸带微笑、心平气和地跟老师道歉："我知道睿睿上课打扰了老师和同学，实在非常抱歉，我正在为此烦恼，也请老师指导一下我应该采取什么方法来改正孩子呢？"

当老师解答完睿睿妈的问题后，接着睿睿妈可以这样说："我回家按照老师的方法改正孩子，同时我也希望老师在班上

能够耐心地引导孩子，其实我知道睿睿是很喜欢老师的，也很愿意听您的话。"

在向老师提出要求之后，睿睿妈应当接着说："您别看睿睿他在外天不怕地不怕，外表是好动的，事实上他的小心灵是敏感的，如果他觉得老师生气了，就会很伤心，也不知所措。睿睿可能在理解、接收上不太机敏，还是有赖老师逐步帮助他认识错误，循序渐进，这个孩子一旦了解到自己做得不好的地方，我相信他会诚心诚意改正的。"

家长用如此以理服人的"软"说法来跟老师沟通，不仅老师很容易接受，而且能为孩子在老师面前"扳回一局"。所以，当面对类似问题时，家长按照上述的逻辑一步步地往前挪，那么老师的投诉就能很好地转化为促使孩子进步、深化家园感情的好契机，最大限度地保障孩子快乐成长。

沟通方法大总结——以退为进

当遇到孩子被投诉过于好动的问题时，家长首先摆脱沉重的心理负担，心绪安定下来后再沟通：

第一步，表示抱歉，要真切地认识到孩子的缺点，接受孩子不良行为的事实，千万不可执意护短。

毕竟从家长的角度，通常会第一时间维护孩子，认为好动并非什么坏事，但是要确信的是，过于好动的确会打扰到别人，简单粗暴的逃避、转移，都不能解决当前问题，甚至会导致

将来接到更多的投诉。所以家长必须正视问题，一切拆解投诉的秘诀正是我们把谈话核心放在商榷如何纠正孩子的行为上。

我们抱有这样的态度，老师会立即明确家长已经了解到孩子的真实情况，而且最可贵的是家长并没有逃避它，而是积极配合老师共同面对和思考解决方法。老师会认为我们是明辨是非、责任心重的家长。

第二步，表示愿意接受老师指导，请教改正孩子的方法。我们这样说话，体现了家长是信赖且体谅老师的，我们一家不仅仅是有家教之人，而且很愿意接受老师的指导，为接下来真诚的对话作出铺垫。

第三步，表示会在家帮助孩子改正，同时也向老师提出多关注孩子的要求，这是说明老师在孩子的心目中是高大的，只有双方共同合作才能让孩子健康成长。

第四步，借势道出孩子的需求和弱点，例如，"孩子在理解、接收上不灵敏""孩子为人倔强、执着""孩子还没能够养成安静、自我控制的好习惯"，用"以退为进"来对老师提出要耐心、温和、艺术地作出引导的要求，还需要表示只有这样孩子才会更好地接收并改变，否则会更加逆反而徒劳无功。

第五步，明确道出自己孩子优秀、能让老师放心的一面，像"善良""真诚""爱心"等，提升孩子在老师心目中的形象，让老师相信孩子很快就能改过来。意思是提醒老师不要以偏概全地抓住孩子的缺点，我们也需要肯定孩子的优势。

第六步，提出展望。这表明我们作为家长对孩子是有信心的，希望老师也以积极的心态来看待孩子的发展。

总之，家长既不能成为"人情的奴隶"，认为在人与人的链接中，自己有义务使人快乐，也认为自己的孩子有义务使人快乐，当孩子好动而打扰别人时，家长下意识地为自己和孩子"加罪"，这样我们的自我保护机制就会启动，发出逃避问题的信号，从而不能正面沟通；家长也不能成为"过滤的执行者"，当孩子好动而打扰别人时，家长仅把日常的优势留下，而把坏的方面过滤掉，这样就变成了赤裸裸的包庇与偏袒，助长孩子的缺点，带来更多社交冲突和被排挤，最终牺牲了教育孩子的最佳时机。

☁ 家长问题

现在幼师打孩子的新闻很多，我对孩子的安全问题感到担心又焦虑。请问私底下我们如何才能知道孩子在幼儿园里有没有被老师打呢？

扫音频，听答案！

4.孩子因冲突而受处罚，该如何跟老师沟通？

钊钊经常在幼儿园里引发冲突，老师为此特别苦恼，于是一连好几天罚钊钊站在厕所的墙角。钊钊妈觉得这样的处罚方法实在有问题，这不仅不能达到老师想要的效果，还有可能激

起钊钊的逆反心理，对老师产生恐惧和警惕。

一天，钊钊妈早早地到达幼儿园，在老师面前强势地让钊钊直接说出每天受罚的情形和感受，还刻意让其他家长都听到。钊钊妈气愤地强调，如果日后还出现罚站的情况，就会直接把事情闹到园长那里。

很快，关于钊钊被罚的事情家长们都在私下讨论。虽然老师没有再因为钊钊引起冲突而处罚他，钊钊妈仿佛在最短的时间内解决了问题，但是老师对她心有戒备，不像以前或者像对待其他家长那样坦诚地沟通，对钊钊在班上引起冲突的问题也甚少关注，也不做任何积极的处理。

沟通意味着渴望对方的及时回应，但是，明显案例中的家长沟通方式是没法得到所期待的回应。老师不仅感受不了信任和尊重，更会认为家长对孩子过分维护、对自己积怨难消。这样的僵局将会成为原本饱满关系的头号杀手，导致孩子的心灵也得不到安宁。

其实，家长大可以用温柔和谐、顾及长远、让对方好下台阶的沟通手法来应对：

方法一：看透不说透

钊钊妈可以直接到幼儿园跟老师沟通，一言一行不要表现得气怒交加，也不要把处罚一事说穿，而是冷静地从问题的根

源引出解决方法。

钊钊妈可以这样说："钊钊最近说在幼儿园里会引起同学的不满，他内心挺难过的，也不太懂得如何去解决问题，我正为此而烦恼，不知道老师您有什么好方法能让孩子改善社交关系呢？"家长这样一问，老师一般是不会把自己已经实施了的惩罚手段说出口，而是略带愧疚地告诉家长一些艺术性、引导式的正面沟通方法。

钊钊妈听了后应该说："明白了，我会加强对钊钊的教育，但相信这是一个长期的习惯性问题，我有信心在家里能够帮助钊钊慢慢调整好，我也请老师在班上用同样的方法，我们双方努力和多沟通，以孩子的悟性会很快好转的，这段时间就麻烦老师您了。"

钊钊妈还可以再强调说："其实我以前尝试过用处罚的手段，例如罚站，但结果孩子更加逆反了，积怨在心里，还是老师刚才的方法好。孩子虽然淘气，但他喜欢老师又愿意听老师的话，只要老师多一些耐心，我相信他会很快接受您的教育方式的。"

钊钊妈这样说，一来给孩子加分，把孩子善良真诚的内心世界展现出来；二来不失对老师的尊敬和支持；三来暗示老师自己知道孩子被处罚了，对这种处罚方式是有不满的，说明日后只能使用温和的方式来纠正，这样能有效达到让孩子不再面临罚站，而改用更恰当的教育方法的目的。

方法二：以幽默平复波澜

许多家长会忽略《家长联系本》，事实上，它记录了每周家长和老师对孩子的评语，家长大可以把一些难以说出口的话婉转地写在上面。

钊钊妈可以在《家庭联系本》上写道：上周钊钊跟我说他当了厕所墙角的"小标兵"，这个"小标兵"可自豪了，一连当了好几天，我问钊钊："为什么当小标兵了？"钊钊告诉我："因为我要保护老师！"这样说来，无论什么时候，即使是受罚，钊钊对老师可是一片诚心啊，所以周末我特意奖励了他，给他买了个玩具，他告诉我他明白了错误，下周要把玩具送给老师。

当老师看了这段文字后，会有什么反应呢？

首先，老师会明白家长点到即止的用意。意思是钊钊妈大概了解钊钊受罚的事情，请老师也别再惩罚钊钊了，希望老师能够改变，加上钊钊在钊钊妈的引导下也知道了自己的不当行为，会努力改正的。

其次，老师会认为钊钊妈很有水平，对于钊钊受罚，不是追究老师，而是从侧面向老师反映，更不是让钊钊马上改正，而是逐步引导孩子。

最后，老师会认为钊钊没有因此而怨恨老师，反而把自己的奖励送给老师，孩子纯真的内心会让老师反思自己的行为，

是否应该改用上更柔软的教育手法。

沟通方法大总结——独辟蹊径

遇到类似孩子受罚的问题，如果不是很严重，家长可以深入思考问题，找到孩子最让老师犯愁的那个点，然后具体问题具体分析，用一些另类的或者隐晦的方法来改变老师的处罚行为。

要注意的是，在沟通中我们要"暗示"，而不要"揭穿"，毕竟我们手上的真凭实据有限，凡事留一线。这种暗示表明，家长已经知道孩子被惩罚的事情，家长是有意见的，但是家长会配合老师共同商讨出用更恰当的方法来解决问题，并让老师深信孩子是永远爱老师的。

如果老师对家长这样的沟通方法不予理会，反而转化为对孩子的不良行为，那么可以推测出这位老师所带来的绝对不仅仅是这个问题，肯定还有其他方方面面更重大的问题等着家长去处理。

这时，我们的沟通手法应该是：当出现"无关痛痒"的事件时，家长可以表示对老师难处的理解，用尊重的行为和有艺术的沟通技巧去维持良好的关系，家长表面上"得过且过"，实质上"暗中关注"老师的一举一动；如果事件升级，当老师出现辱骂、打孩子的状况时，家长一定要当面讨说法，强烈表达不满，直接向园领导说明；如果事件更加严重，老师并没有

因为之前的沟通而改正，仍然胡作非为、仗势欺人，家长大可以联合熟悉的家长共同声讨，并利用发达的网络来曝光一切。但话说回来，绝大多数老师是不会这样的。

家长问题

孩子因为在幼儿园里经常把大小便拉到裤子上，回家说同学都嘲笑她。现在连老师都说她了，让她很难堪。有时候，她晚上做梦都梦到自己被挖苦，然后哭醒。作为家长，我到底该怎么办？孩子的心里会留下阴影吗？

扫音频，听答案！

5.孩子因冲突而遭冷落，该如何跟老师沟通？

军军精力旺盛，生性好动好斗，平时好表现自己，他与一些个性同样刚烈的男孩子经常发生冲突，所以军军让老师感到精疲力尽。

但是最近军军觉得老师不喜欢他，像轮流做小班长的活动，军军永远都是班上最后一个当上的孩子，因为老师说过遵守纪律的孩子先当。军军很伤心，回家告诉妈妈老师不喜欢自己而刻意偏袒其他小朋友，他很讨厌幼儿园。

妈妈便找到老师，直接提出了要求："希望老师以后不

要总是让军军最后一个参与活动，虽然他性子急，也经常跟小朋友闹矛盾而麻烦到您，但是如果您经常打击他，他会认为自己被冷落了。"老师听后跟妈妈解释，这根本不是什么冷落与否，而是班级规则必须要建立起来，而且军军也要学会正确的社交技巧。

这场对话，军军妈给老师留下了不大好的印象，更重要的是，她也没能为军军争取到他所期待的关注。

如何正确地跟老师沟通？

当遇到孩子被冷落时，家长首先要认识到，其实孩子所感觉到的冷落不一定是老师真的冷落他。许多孩子从小被所有家人围着团团转，在幼儿园里老师一旦无法顾及他们的情绪，他们就特别容易感到被冷落，只要我们深入地了解孩子心理，就会知道，孩子主要还没能明白大集体的概念，而并不是老师真有什么忽略孩子的行为。

军军妈可以跟老师直接道出军军的真实状况和产生情绪的原因，说："军军这段时间一回到家就很苦恼，我问他原因，他说自己经常惹恼了同学和老师您，结果在活动中总是最后才轮到自己。我跟他解释说，老师对每个小朋友都一样，当我们学会遵守规则和积极解决问题时，老师就会让我们担任重要的工作了。但对于我的解说，军军可能还没有理解，希望老师多多谅解和指引。"

接着，军军妈这样说："孩子在热闹的地方会特别兴奋，把规则都忘了，这是日常他与同伴产生冲突的原因。如果军军做得不适当而给老师添麻烦，那真是太抱歉了，希望老师能详细地跟他说明原因，平时多开解一下孩子，相信他会逐渐明白您的苦心，我也会尊重您的做法，配合引导军军。"

家长这样诚恳的说法，老师是很愿意配合并对孩子加强关注的。

沟通方法大总结——认同规则

首先，家长不要表达出"老师您忽略了孩子"的不满情绪，而是不带个人色彩地跟老师陈述孩子回家的各种表现。例如，说"孩子回家心情不太好""孩子最近很烦恼"等，从这些表现里面寻找线索，共同回忆曾经发生的相关事件，找出问题的根源。

其次，无论家长的内心是否认可老师的理念，对于老师立下的规则，都需要承认并接受。也就是说，家长不要以自己孩子的喜好、适应度来质疑规则，而应该理性地看待规则合理性的一面，支持老师的教育方法，让老师知道家长是配合处理孩子问题的。

再次，对于孩子做得不好的地方，家长要承认并接受老师的教育，然后再提出让老师特别关注的要求。例如，"孩子未能真正适应和内化老师定下的规则，过程中难免会认为老师不

喜欢自己了，所以希望老师能够亲自跟他解释和开解，平时多留意一下，毕竟他很在乎在您心目中的地位。"这样说话，老师会感到很温暖，而且容易接受家长的建议。

最后，提出展望。意思是希望老师对教育行为作出适当的调整，让孩子更好地理解、接受和改变现状。

如何避免被冷落的误会

关于所谓的冷落，在现实中并不少见，家长要避免类似的误会，就要注意以下几点：

1.家长不要跟随孩子的思维也一同认为真的被冷落

孩子认为被冷落，是因为生理、心理发展还不够成熟，对事物的理解存在偏差，而家长认为被冷落，归根到底还是因为太爱孩子，内心容不得孩子有半点受伤，心里着急要帮孩子解围，力争让他前路无阻。

试问，如果连家长自己也心生怀疑、害怕吃亏，那孩子何来对老师的信任，何来对幼儿园的喜爱呢？这样只会让孩子的情绪更加"雪上加霜"。

2.家长不要急于出手，一开始不需要直接跟老师沟通，而是推动孩子以自己的优势、才能来获得老师的青睐与关注

例如，每当孩子在家里看完一本故事书，都能回到班上跟老师、同学分享，把知识传递出去，让老师看到孩子爱分享、热爱知识的一面；又如，每次老师布置的手工作业孩子都能准

时而用心地完成，让老师看到孩子的责任心、勤奋好学的好品质；又如，孩子在收拾玩具、整理被褥等自理环节上都能快而准地完成，让老师感受到孩子较高的家务能力和动手能力……这些举措都是孩子凭借自身的努力和实力获取老师的关注，这样也就大大节省了家长跟老师的沟通成本。

家长对孩子越是"放得开"，让他们自行解决"难题"，孩子的能力就越容易展现出来，那么老师对孩子就越发喜爱和有信心，家长是不需要为被冷落而担心的。

3.只要家长对老师保持诚挚的尊敬和爱，孩子也会衷心地发自内心爱老师，他们自然而然会用自己独特的方式去表达爱意，老师对这些孩子必定是喜爱有加的

到了教师节，家长可以跟孩子画上爱心卡片、做一些小玩意送给老师；到了新年，家长可以跟孩子发一段语音给老师表达祝福；到了三八妇女节，家长可以跟孩子买些漂亮的鲜花，包裹起来送给老师……

很多时候，孩子不需要家长教，自己也会用独特的、创意的方式来表达对老师的爱，只要我们给予支持和鼓励，不参杂过多的意见，那么他们对老师表达的这份爱就是最纯洁可贵的。

例如，有些孩子在家里练习钉纽扣，会把最喜欢的针线送给老师；有些孩子在公园里捡到比较完整的树枝，会把心满意足的一条送给老师；有些孩子会把自己最爱吃的零食、平时收藏起来的零用钱、小时候用过的婴儿润肤霜送给老师……这些

礼物奇怪多样，看上去不起眼，甚至是成人眼里的"垃圾"，但是能把孩子内心那单纯质朴的爱都涌现出来。

老师对这些是非常喜爱的，因为她们收到的是超脱物品的存在，是孩子的一片真心。而且，老师会认为家长情商高，很会教育孩子，更重要的是孩子在老师心目中会留下一个善良有爱、懂得尊重、关怀别人的好印象，即使是那些经常引起冲突的孩子，老师也会判断他们只是社交技巧缺失和认知水平有限，而并不会认为孩子有多不好。

现实中，老师每天都竭尽全力地对班上的每一个孩子悉心照顾，但她们毕竟是个有血有肉、会累会痛的人，有时候因为忽略了一些事情或者没有做到足够周全而对某些孩子"失衡"，作为家长的我们要理解、包容、相信老师，这只是一些无意的、暂时的、轻微的事件而已。

其实，孩子被冷落是个伪命题，信任终究是关系的核心，我们信任老师，冷落又从何而来呢？

家长问题

我很希望老师更多地关注我的孩子，所以一开始我就义无反顾地加入了家委会，但是后来才发现家委会的工作太多了。现在我特别纠结要不要继续当家委，我担心的是退出家委后老师不再多关注孩子了。请问，我该怎么办？

扫音频，听答案！

6.关于社交冲突，家长与老师沟通的方法与禁区

高效的沟通方法

1.把握好时机与形式

一般来说，老师每天的行程都被安排得很满，如果家长希望沟通的效果实现最大化，或者想进一步明确孩子在幼儿园的社交细节与动向，那么我们最好提前跟孩子上学，利用一早老师还不算忙碌的时间直接跟她面对面沟通，又或者放学接了孩子后，等其他同学都走了再上前咨询。

如果这两个时间点老师都很忙碌，不能抽身出来，那么我们可以选择在晚上以微信、电话等方式来联系，这些方式虽然看上去很方便操作，但是这样家长对孩子在园社交的获知也只能停留在表面上。所以，如果我们确实希望把事情"说透彻"，面对面沟通始终是最好的选择。

2.以日常的尊重为沟通基础

平时，家长早上送孩子见到老师时，记得要说声："老师好。"下午家长要准时接孩子离园，尽量不要拖延老师的下班时间，离开时记得跟老师说声："谢谢，您辛苦了，再见。"当老师跟家长反馈孩子的近况时，记得要说声："谢谢老师的关注。"这些"鸡毛蒜皮"的以礼相待，其实都是为日后的沟通埋下厚实的基础。

再加上家长平时对老师体谅尊重、拥戴爱护、宽容错误、积极配合，老师在不同层次的需求得到满足，她们就更有可能会准确地传递信息，加强双向往来。

3.全心全意信任老师

平时，家长要理性冷静地看待孩子的状态和老师的教育手法，不要为了点点"蹊跷"的事情而心生怀疑、急躁对质。

举个例子，孩子早上突然哭闹着不愿意上幼儿园，原因是昨天被小朋友欺负了，于是家长一到幼儿园就慌慌张张地拉着老师问："昨天孩子是不是被别人打了？你们看到了吗？怎么不跟我说一声！"然后追问昨天发生过的事情，忐忑地把孩子交给老师。家长这样做正是告诉了老师"我不相信你""我不放心把孩子交给你"，潜台词带有浓浓的攻击性，老师的情绪便会暗潮汹涌，以后更会避免跟这位家长沟通。

而正确的方法是，家长到了幼儿园后这样跟老师说："孩子哭闹不想上幼儿园，希望您安抚安抚他，有您的帮助我就放心了，请多观察他今天还有没有跟别人闹别扭，劳烦您多关照他。"然后坚定地跟孩子说再见，当下午接孩子时再倾听老师的反馈。

家长完全信任老师，老师才会完全信任家长，之后进一步的沟通才会顺畅自然、真诚不敷衍。因为老师对孩子的一举一动都有着自己的观察和分析，但是她对家长保留多与少，很大程度看我们的态度，这就是人类说话的"选择性"，而"选择

性"往往源于自我保护，我们越让老师感到被信任，她的自我保护就会越少，平时就越会多关注孩子以便告知我们具体的细节。

沟通的禁区

禁区一：以送钱送礼来挽回孩子的形象

孩子经常在幼儿园里产生冲突，有些家长为了帮助孩子挽回在老师心目中的正面形象，于是很"识时务"地向老师送钱送礼。

有的家长会把钱塞进小信封里，在接孩子放学的时候直接交到老师手上，尤其是打着某些节日的旗号；有的家长可能觉得当面给老师送礼不方便，毕竟幼儿园里"耳目众多"，又有监控视频，于是在微信上给老师发红包；有的家长一有机会就会拿些文具、装饰品、办公用具来到老师办公室，谎称自己公司配置过多免得浪费才送到幼儿园……

其实，在家长的内心深处，是希望通过某些"特权"来加持沟通，争取老师对自己孩子更多的好感。

如果家长跟老师保持良好的沟通、尊重配合老师的工作、信任老师的教育手法，所有的送钱送礼行为都是不需要的。再说了，但凡正规的幼儿园，园方是严禁老师接收钱和礼物的。

另外，从老师的角度来说，其实她们最头痛的就是拒绝

家长送礼：①家长送礼说明自己已经被家长定义为对待孩子不公正的老师；②家长送礼本是对老师名声的亵渎，搞不好被别人知道，自己没有想过要收下却闹得名誉受损；③拒绝家长的工作很费心思，而且讲"艺术"，一旦"被强行"塞下，不知道如何退回，如果没有立即厘清关系，家长日后认为自己对孩子照顾不周，很有可能以此来作为威胁手段或者话柄，实则是"被牵着鼻子走"。

凡是资历丰厚的老师都会深谙一个道理：很多家长刻意地表现出殷勤都是虚伪的，并非发自内心，越是擅长于献媚和奉承的家长就越容易"翻脸不认人"。平时这些家长对老师会低声下气，连连说是，一有机会就送钱、送礼，还要求自己的孩子无条件听老师的话，但是一旦孩子有什么磕磕碰碰或者读到了大班下学期，就逐渐"露馅"了，这些家长特别容易对小事上纲上线，甚至会私下拉上其他家长对老师评头论足。所以老师只想对送钱送礼的家长"敬而远之"。

禁区二：过分彰显地位

有些家长自认为社会地位高，甚至会在沟通中见缝插针地彰显权威，"我是教育局的××，对孩子的冲突行为再清楚不过了""我是××大学的教授，对幼儿的社交研究已是非常深入了"，有些家长还会有意无意地提醒老师自己跟园长私交有多好。这些话实质都反映了家长把老师看低，结果我们亲手把沟通的入口给堵死了。

无论家长有着多么高的地位、学历、人脉，在老师面前都应当保持学习请教的立场、谦虚谨慎的态度，这样老师才会感受到被认同与尊重，视我们为"同盟"来共同教育好孩子。

禁区三：对孩子朋友圈的"无中生有"

有些家长焦虑于孩子的社交生活，会不自觉地作出不切实际的空想，然后高频率地急躁地找老师纠缠类似的问题："老师，孩子今天脸上有一块血斑，她说是自己刮伤的，但我看不像，她是被同学弄伤的吧？""老师，孩子回家后又发现发夹不见了，她很伤心，班上是不是有小朋友总爱拿走她的东西？"

老师在一天里已经穷尽一切去照顾孩子，即使是最有耐性的老师，再面对这般"无中生有"的事情，都足以让她们的精力消耗殆尽。对此家长需要理智淡定地看待孩子，适当地释放自身压力，相信自己孩子拥有足够强大的能力去解决各种社交问题，而不是软弱地存在。

家长长期捕风捉影，当日后真的需要跟老师认真沟通时，老师也难免有所避忌。她们会生怕家长对事件"加戏"，钻牛角尖，被情绪左右乱了阵脚，从而更加加剧了家长的焦虑，间接将孩子逼进一个窘迫的牢笼中。

戴尔·卡耐基认为："想和别人好好相处，要先和自己好好相处。"跟老师相处也一样，想和老师好好沟通，要先和自己好好沟通。家长的内心语言必定是：跟老师建立互信关系，

而并非原有的契约关系。信任，将会成为老师和孩子的黏合剂，否则，沟通的问题依然会存在。

家长问题

　　在挑选幼儿园和各种兴趣班时，我该如何判断老师好不好，日后跟家长是否好沟通？

扫音频，听答案！

第六章

弄清孩子的气质类型，找出最佳引导方案

1.明确孩子的气质类型，有利于社交行为的引导

大自然选择了人类拥有丰富的精神世界，当每个孩子从生活通往精神时，都会坐上自己的小船。小船因人而异，有着不同的材质、规格、航速，各异的小船是孩子不同的气质类型，而思想是水，水永远奔涌地寻找出路，家长就是引水之人，引导奔流推动小船顺流而上，即使再磅礴，也不会漫过船舷，即使再干涸，也不会让船搁浅。最后，家长成功将孩子引至精神的彼岸，实现自我、创造自我。

那么家长需要明确孩子坐的是什么船，相对应地，我们需要如何引流，这些都是必修课。

大家是否听过身边的家长这样说："我以前不就这样养老大的吗？怎么用在老二身上就起反作用了？""我家宝贝可不像你家的伶牙俐齿，他怎么说句话都吞吐半天呀？""我希望我那个捣蛋的孩子像你家孩子那样乖巧懂事。"明显，这些家长并不了解自己孩子的气质，也不明白孩子之间气质的差异性。

事实上，每个孩子的气质是与生俱来的，它受遗传、血型、环境等影响。古希腊时期希波克拉底提出了气质理论，之后英国心理学家汉斯·艾森克在人格类型研究中，也完美对应了四种经典气质类型：胆汁质、多血质、黏液质和抑郁质。其实每个孩子都具备这四种气质类型的特点，只是其中一种占了

主导地位而已。

在社交中，不同气质的孩子会表现出不同的心理与行为特征，这些并没有好坏之分。如果家长能够明确孩子的气质类型，根据该类型的社交状态特点来调整养育方式，那么我们就会少走弯路，亲子关系更加密切，孩子更容易领悟社会系统的规则并面向它，成为受欢迎的社交小达人。

2.气质类型小测试

家长若要对孩子的气质类型作出大概的判断，那么可以从观察他们的日常状态着手。下面，是一天里孩子所应对的事情，我们想想他们会作出哪种反应，然后结合结果作出判断。

早上在幼儿园里被同伴打了，孩子的当场反应是：

（1）马上指着对方大喊："干吗！"然后强悍地还手。

（2）跟对方说："你别再打了，做你的事情吧。"不一定会还手。

（3）没有阻止和指责同伴，仍然呆呆地坐在那。

（4）很伤心，但尽量掩饰自己的情绪，头脑里一直思考着自己的不足，认定是自己有问题才会招惹别人的。

被打后，当回家见到妈妈时，孩子的反应是：

（1）哭得厉害，但很快就没事了，然后滔滔不绝地告诉妈

妈整个事件，说的内容都是对方的过错。

（2）不一定会大哭，也会说出整件事。

（3）不哭，不一定会说被打的事。

（4）连续哭，很难停下来，一直延续着抽泣的状态，但不说明原因。

晚上，妈妈的朋友到家里做客，孩子的反应是：

（1）像见到熟人一样，大大方方地跟对方聊天，无论对方喜不喜欢，孩子都不停地主动讨论各种话题。

（2）会主动地打招呼和聊天，也会问各种问题，但不会特别兴奋。

（3）观察对方一段时间后才慢慢开口说话，话不多。

（4）以不舒服、做作业、想睡觉等理由"躲"到自己的房间里，不愿意跟客人说话。

当妈妈的朋友把带来的玩具送给孩子时，孩子的反应是：

（1）兴奋得手舞足蹈，主动跟对方讨论关于这个玩具的各种话题，强烈地把喜悦之情传递给身边的每一个人。

（2）很开心，会问对方关于这个玩具的各种问题。

（3）内心满足，但表情平淡如水。

（4）虽然内心喜欢玩具，但担心接收礼物是错误的，也不好意思在大庭广众之下收礼物，缓缓地来到妈妈身边问应该怎么办好。

当妈妈的朋友离开后，妈妈陪伴着孩子，孩子的反应是：

（1）非常开心和享受，不愿意结束这段美好时光，如果过程中妈妈有说教，孩子会抵触，但很快又回到兴奋的状态。

（2）欢欢喜喜的，但妈妈突然要忙家务不陪伴自己也会接受，如果过程中妈妈有说教，孩子更愿意听到妈妈的赞美。

（3）不会表露出开心，一副无所谓的样子，如果过程中妈妈有说教，也会接受。

（4）感到安全和幸福，如果过程中妈妈有说教，会默默接受，但不会反馈内心的真实想法。

以上每题的四个反应分别对应的是：（1）胆汁质；（2）多血质；（3）黏液质；（4）抑郁质。通过以上的小测试，虽然我们不能准确判断孩子的气质类型以及各占的比例，但能帮助家长们从广义上得到参考，认识自己孩子的气质，从而进一步引导和塑造他们的社交行为。

3.各种气质类型的孩子在社交中的表现

1.像火山一般的胆汁质孩子

在社交中，胆汁质的孩子精力旺盛、热情主动，独立性强，很有主见和个性，不惧强权，爆发力和行动力都特别强，正因为如此，他们特别容易闯祸，不能控制高涨的情绪。

在社交冲突中，胆汁质孩子的情绪蔓延和消退只在刹那

间，"变脸"特别快，在解决冲突时勇敢果断，非要自己拿主意不可，不怕犯错和挫折。他们的缺点在于同理心不足，过分执着于自我，眼里放不下别人的意见。

2.像被装了马达的多血质孩子

在社交中，多血质孩子的头脑像被装上了马达，思维灵活敏捷、反应快、适应能力强；四肢像被装上了马达，活泼好动，喜欢跟不同类型的朋友探索，也喜欢在大家面前展示才能；嘴巴像被装上了马达，喜欢跟同伴不停地聊各种事情，喜怒形于色。他们的缺点是安全意识较差，注意力容易转移，所以跟同伴互动时容易半途而废。

在社交冲突中，多血质的孩子能积极主动地处理问题，同理心强，容易接受各种意见，但是过程中往往冲动焦躁、粗心大意，之后即使感到后悔，也会迅速烟消云散。

3.像水一样平静的黏液质孩子

在社交中，黏液质的孩子表现得温顺安静、踏实郑重、恪守规则，他们对对方没有什么要求，也会忍耐和克制。比起集体玩耍，他们更加向往自己玩的时光。他们的缺点是为人过分小心谨慎、拖泥带水、漠然置之。

在社交冲突中，黏液质的孩子通常会反应较慢，压抑自己的真情实感，思绪不外露，追求双方达到和谐的状态，不容易思考或感悟出新的方法来解决问题，但也会有所行动。

4.像思想家一样深沉的抑郁质孩子

在社交中，抑郁质的孩子心细如尘，极度敏感，有高度的同理心，伴随着丰富的想象力，追求人与人关系的完美无瑕。这类孩子通常缺乏安全感，所以他们往往前怕狼后怕虎、缺乏自信、存在感低、脆弱消沉、交往面窄，常以别人的脸色来判断自己。

面对社交冲突，抑郁质的孩子难以接受被否定，他们会钻牛角地认定自己失败、不体面，内心的自卑感扩张，自责地感到对不起身边每个人，这种体验很深刻，但绝对不外露。虽然他们能洞察到别人洞察不到的细节，思考出智慧独到的解决方法，但优柔寡断、反应迟缓、如履薄冰，因此一般不会发表并落实。

以上是四种气质类型的社交表现。对于孩子的社交优势，家长应该意识到其珍贵之处，聚焦和创造机会来让其发挥到极致，以顺应的方式来引导他们的社交发展；而对于社交劣势，家长需要悦纳和引导，把目标放低，只要确保不要演变为过分的差错就可以了，更不能暗示"怎么你总是不听不改"。

4.如何引导各种类型孩子的社交行为

试想，在社交生活中，有多少精力充沛、活泼机灵的孩子被家长和老师视为"熊孩子"，以刻板、打压的方式来束缚孩子，有多少敏感细致、谨慎留神的孩子被家长和老师视为"不

争气"，以嘲讽、催促的方式来拖着孩子前进。

当然，这并不是说让家长忽略气质中的缺点，放任不管，视而不见，而是在思想上，家长要理解孩子的心理生理特点，在行为上，找到适合他们的方法来帮助孩子完善其个性。我们所有的方法都是"润物细无声"，在平凡中完成，在不自觉中完成。

在一定程度上，气质类型决定了教育思路和方式，而教育方式反过来也会对孩子的性格有重大的影响。这就是"因材施教"：

1.胆汁质——权威者"插科打诨"

引导胆汁质孩子的社交行为，最要避忌的是家长以居高临下、盛气凌人的沟通方式来"修理"孩子，这类激进的孩子在狭隘的空间里必然会爆发出抵抗的火焰，从而想尽办法逃离和破坏亲子关系，作出一系列叛逆行为，结果双方都是挣扎而痛苦的。

其实，胆汁质的孩子更需要一个让他们崇拜的权威人物来影响、感染自己，然后慢慢从权威人物身上学会在社交中控制自己。这个权威人物可以是父母、老师、亲戚、大龄同学，以及动画片、绘本、故事中的"大人物"等。

例如，爸爸就像大树，一半青绿，为家庭遮风挡雨，一半扎根在孩子内心，是精神的依靠。对于胆汁质的孩子，爸爸的是非观与价值感更能起到强化的作用。日常，爸爸大可以用幽默诙谐的方式来引导孩子，这样孩子更容易接受。

像孩子在集体中过于激动，声如洪钟，打扰了他人，爸爸轻轻地说："嘘，超分贝了，我的耳膜破了怎么办？我们要把

声音降至苍蝇飞过都能听到呢！"当然，孩子是不能做到的，但通过权威人物夸张好玩的说法，孩子会听得进去；又像孩子因过于亢奋把跟伙伴们的合作项目都搞砸了，爸爸可以风趣地说："要记住，超级跑车也要刹车啊！你刹车了吗？我亲爱的超级跑车。"这种自由包容、信任鼓励，但又不失改正路径的引导方式，从权威人物的嘴里说出来，胆汁质孩子一下子就答应了。

又如，家长可以利用动画片中的"大人物"。胆汁质的孩子天生对他人没有太多同理心，以至于他们对同伴态度强硬。我们可以榜样的魅力来扭转孩子的想法，说："奥特曼实在太勇敢了，但也很慈爱体贴，这个小朋友不希望你这样对他，我们试着像奥特曼一样保护他人弱小的心灵，好吗？"又或者说："黑猫警长可威风了，当面对需要保护的小伙伴时，他是很有爱心很温和的！你说对吗？"

要注意的是，对于做出各种冒险疯狂行为的胆汁质孩子，建议家长在引导前，可以先把事情搁置一会儿再沟通，因为这类孩子需要更长时间"冷"下来，如果家长立即作出反应，也许会无效，到头来误认为孩子不听话而气上心头。家长可以先让孩子思考刚刚发生的事情，趁着这个时候转身做自己的事情，像洗澡、打电话、做饭等，完成后再跟孩子沟通，这样更能增强引导的有效性。

2.多血质——赋予温暖的角色与责任

引导多血质孩子的社交行为，最要避忌的是家长以批评

指责的方式来纠正孩子。因为这类孩子比起其他气质类型的孩子，天生就更加喜欢被赞美、认同，希望拥有一个能展示自我的平台，能尽情释放能量和魅力。

所以，多血质的孩子更需要被看到，被融入，被赏识，他们只要感受到家长是正面关注的，自然就容易接受我们的引导。例如，孩子在社交中冲动犯错，家长千万不要说："有什么好急的！你的行为会给别人带来麻烦！"而应该说："妈妈非常爱你，我知道你对刚刚的事情有点不好意思了，我相信你能做得更好，大家都会为慢下来的你而自豪。"

家长应该赋予他们温暖的角色和责任，提供机会让他们实现抱负，然后家长表扬的不是最后的结果，而是过程中的努力。例如，孩子跟小伙伴玩耍时不能专注，家长可以这样说："你来担任大家的小组长，任务是在游戏中帮助各位小朋友，你能成为大家的好榜样吗？"当孩子做到了，记得要赞赏孩子："看得出你很努力为大家服务，你的付出很珍贵，大家都喜欢这样的你！"当孩子做得不好时，家长可以这样说："如果小组长能够有勇气收拾残局那就更好了，大家都说你是个有担当的孩子呢。"

家长以这种方式不断地刺激多血质孩子的责任心和成就感，这样他们会更自信地调整社交行为，从"我能行"进阶到"我能做"。我们要相信，当多血质孩子被信任并赋予权力去做某一件事时，无论擅长或不擅长，他们都会竭尽全力去做

好，因为他们蕴藏着巨大的潜能。

3.黏液质——为实现自我助一臂之力

引导黏液质孩子的社交行为，最要避忌的是家长以忽视、催促的沟通方式来推着孩子走，因为这类冷静迟缓的孩子只是看上去对于任何东西都能接受而已，其实他们内心深深地渴望着体贴、包容、信任，只是没有表达出来。

如果让黏液质的孩子更好地施展潜能，是非常需要家长助他们一臂之力的。

在社交中，孩子希望跟他人玩耍但不愿意表达，如果家长表现出恨不得孩子立刻加入而催促孩子，嫌弃孩子踌躇不前，那么必定出现反效果。记得，孩子需要我们的帮助，家长可以这样引导孩子："宝贝，现在你很想跟他们玩是吗？我建议你拿着自己的玩具走过去，尝试问问他们可否大家一起玩。"甚至家长可以陪着孩子走过去并作出示范。

在社交中，孩子被同伴误会后不作任何解释，如果家长表现出"怎么可以忍气吞声，只有傻子才这么吃亏"的意思，孩子就更加不愿意沟通了。记得，孩子需要我们的帮助，家长可以这样引导孩子："宝贝，被同伴误会很难受是吗？妈妈感受到了，我建议你可以告诉他们刚刚发生的事情经过，和你被误会的心情，真相大白你会好受很多呢。"

又如，孩子不能想到方法来解决同伴之间的冲突，为此而闷闷不乐，如果家长对此厌烦，觉得孩子太没本事了，那么孩

子就更加消沉失落。记得，孩子需要我们的帮助，家长可以这样引导孩子："宝贝，你看上去有点烦恼，可以告诉妈妈发生了什么事情吗？我们一起来想办法解决吧！我相信我们能够找到答案。"妈妈可以鼓励孩子多想办法，自己也提供几个参考方案，然后商讨挑选最合适的方法来解决，最后赞赏孩子的进步。

在家里，家长要多让黏液质孩子表达，并且灌输孩子"想到就可以说"的观念，这时家长的接纳与耐心倾听就显得很重要，再慢慢让孩子过渡到在集体中的表达；在幼儿园里，家长也可以建议老师安排孩子坐在靠讲台的地方，让冷淡的他们高频率地"热"起来，随时从自己的世界拉回到现实的集体当中来。

4.抑郁质——凝聚爱的力量来拥抱脆弱

引导抑郁质孩子的社交行为，最需要的是具有稳定性的家庭三角结构，即夫妻关系与亲子关系都要健康亲密，这样才能给予孩子足够的爱与安全感。毕竟与其他气质的孩子相比，抑郁质的孩子更加缺乏安全感与归属感，他们极度需要家长的呵护和关怀。对于他们来说，如果家庭三角结构出现了问题，随之安全感就被损害，心理也会受到影响并出现障碍。

所以，家长需要给予孩子无条件的爱，满足他们对安全感的需求。

抑郁质的孩子非常容易自责，他们会把社交冲突的过错通通归到自己身上，即使原来并不这样想的，但是通过"反思"，很

容易犯"过分承担"的毛病，即使是一丁点的不如意都会往自己身上堆，情绪萎靡不振。这时候家长千万不要敷衍孩子说："这有什么大不了的，鸡毛蒜皮的事都放在心上，真小气！"这种不理解会让抑郁质孩子窒息难耐。

　　家长应该充当孩子背后坚实的后盾，支持孩子说："妈妈知道你现在有点难过，如果是我，可能也会这样，我们一起来回想一下这件事情吧，说不定能解开心结。"然后用上《因果关系的循环游戏与提问——与孩子探索冲突的根源》中的因果关系游戏来找出冲突的根本原因，接着再跟孩子分析双方的做法和情绪，让孩子明白"一个巴掌拍不响"的道理，懂得所有矛盾都是双方的独角戏，只要对事不对人，找到问题的解决方法就是智慧之路，钻牛角尖只会伤害到自己。最后，家长不要忘记跟孩子强调："妈妈爱你，相信你的朋友也一样爱着你。"

　　抑郁质的孩子一到陌生的地方就会特别恐惧、紧张、不合群，家长千万不要强势地勒令孩子打招呼或者加入伙伴的游戏，而是应该帮助孩子缓解情绪，先尊重孩子所向往的独处，再按照孩子的意思循序渐进地跟大伙拉近距离。因为抑郁质的孩子爱较真，所以过程中家长要洞悉孩子对他人行为挑剔的特点，主动传递正能量、好情绪给孩子。结果是否打招呼或者加入伙伴的游戏并不重要，重要的是家长宽容和顺应孩子的节奏，这样，逐渐地，孩子才会学着家长的样子接纳并不完美的他人，开始进入陌生的圈子。

抑郁质的孩子在社交中遇到伤心的经历，很可能会一直沉沦其中，难以自拔，如果家长想拉他一把，说一些特别开心的事可能效果甚微，但是我们讲一些更加悲伤的故事，对于一个富有强烈同情心的抑郁质孩子来说，很可能会很快好回来。因为他们容易把情感转移到一些更加痛心的事件上，产生怜悯之情，进一步反思自己其实已经很幸福快乐了，不应该再悲天悯人，再加上故事的结局是光明的、成功的，那么孩子更会把情感投射到自己身上：我没有主人公悲惨，我当然应该有更加美好的结果。家长可以这种方式来摆脱孩子内心的阴霾。

如果日常家长发现抑郁质的孩子不希望向我们倾诉，那是件很正常的事，千万不要强迫孩子改变，为孩子贴上"自闭"的标签，而应该尝试买一些可爱的宠物或者毛绒娃娃给孩子，他们会以此为倾诉对象。家长要做的就是自然地设计环境和提供安抚物给予孩子，让他们感到更加安全可靠，把放松的状态作为一种习惯和秩序。

总之，从认识和破解孩子所属气质类型的密码，到针对性地引导和塑造孩子全面的社交能力，家长应该把其视为一项长期的计划与目标，这一切，都建立在家长"刀在石上磨"的育儿功夫上。这个过程实质上是把孩子的天性当作种子，我们创设良好的外部条件，针对不同的种子配置不同的阳光、水分、肥料，只有这样，种子才会健康地生根发芽、开枝散叶，最后硕果累累。

第七章

明确家长的养育类型，完善引导孩子社交机制

1.明确家长的养育类型，有利于孩子社交行为的引导

美国心理学家戴安娜·鲍姆林德通过对家长的自然观察、会面访谈，将家长对孩子的纪律评价、情感付出、沟通方式、预期程度等进行研究分析，划分为四种养育类型：权威型、专制型、放纵型、忽视型。

在引导孩子的社交行为中，不同类型的家长会表现出不同的心理与行为特征。以爱来"疏导"的家长，孩子的社交就像流动的河溪，活跃明朗，积极自由；以管制来"堵塞"的家长，孩子的社交就像没有丝毫弹性的旱土，呆滞无活力，躁郁羁绊。当不同养育方式作用于孩子时，会带来精神层面上的鼓舞或伤害，这些都会对孩子的心理造成不可磨灭的影响，这并不会随着时间的流逝而消失。

如果家长能够明确自己的养育类型，根据该类型状态的优缺点来积极调整养育方式，那么孩子就更能按照内在生命潜力来发展社交，保持自我意志并得到快乐和滋养，唤醒在集体中的智慧。

2.各种养育类型在孩子社交中的表现

家长若要对自己的养育类型作出大概判断，可以从日常应

对孩子的方式着手观察。

例如，家长带孩子参加春游活动，过程中，不知为了什么，孩子跟小伙伴发生了冲突。孩子大喊大叫："我讨厌他！我要打死他！我要回家！"此时，在众目睽睽之下，家长会作出什么反应呢？

（1）觉得丢人，像自己没有教好孩子一样，渴望尽快结束这场激烈的闹剧，所以故意装出一副气势汹汹、咄咄逼人的样子，严厉地大声训斥孩子："我教了你多少次，不能打架！快闭嘴，赶快跟对方说对不起，如果再这样，我就带你回家！"

（2）忽略孩子愤怒的情绪，迫不及待地以转移注意力的方式来制止孩子的行为，脸带着讨好诱惑的表情说："如果你现在不哭闹，不跟那个小朋友接触，乖乖地在这里跟其他人玩，一回到家我就马上给你买糖吃，我们就这样约定，好吗？"说话时，内心是不在乎、不诚恳的。

（3）看到孩子打架很心痛，听到他大吵大闹就觉得带他来春游是个错误的决定，自己让孩子受委屈了，紧张兮兮地说："怎么能够让别人伤害到自己呢？好了好了，现在就带你回家，别心情不好了。"

（4）不慌不忙地把孩子带到没有人的角落，蹲下来温柔淡定地说："我知道你现在很难过，我能感受到，我在你身边，等会儿平静了后，我们再一起想想有没有什么解决方法吧。"然后抱抱拍拍孩子以示支持，等孩子平复下来，再回顾刚才的冲突和探讨正确的解决办法。

如果家长的反应是（1），而且对待孩子其他事情的方式也差不多如此，那么我们大概可以判断家长是专制型家长。

因受我国传统家长制的影响，以及儿童心理学起步较晚和并未普及的缘故，现在大多家长都是专制型家长，沿袭了"严师出高徒""慈母多败儿"的思想和行为准则。

专制型家长往往不重视孩子的情绪，把生气、悲伤、痛苦、难过视为错误和不听话的恶习，没有看待为情绪表达的正常途径。所以，每当孩子表达这些情绪时，家长会指责和堵截，甚至为孩子贴上"无理取闹"的标签。他们要求孩子绝对服从自己，在他们看来，这些都是"保护孩子""为了孩子好"的"壮举"。

在专制型家长的养育下，孩子一般会比较听话，做事认真谨慎，但他们不懂思考，没有自我，不能独处，犹豫彷徨，遇到挫折容易自卑崩溃。

孩子在社交中，专制型家长是360度严厉管制的，没有民主的聆听，态度也是负面的。如果孩子因为社交冲突产生坏情绪，家长会偏颇地认为孩子是为了控制他人才采取的行动，不深入分析背后原因，对待孩子的情绪冷漠忽视，既不会共情和满足孩子的需求，也不会引导孩子寻找正确的社交方式，而是直接采用严厉惩罚的"纠错"措施，不带任何解释。

这就是家长嘴里的"遵守社交规则""在集体中做个讲纪律的好孩子"。正因为孩子得到的是毫无建设性的否定，所以一般他们头脑没有积累解决问题的正确方式，如此往复循环，他们

的社交世界是阴暗的，对于集体没有归属感、价值感、自尊感。

如果孩子本来是抑郁质，家长是专制型，那么他的社交很可能是一场悲剧，在与伙伴的相处中焦虑退缩、幸福感低、抗挫折能力低；如果孩子本来是胆汁质的，家长是专制型，那孩子很有可能变成热衷攻击行为的暴力者、报复高发者；如果孩子本来是多血质或黏液质，家长是专制型，孩子不太懂得跟他人相处，往往是走两个极端，要么变得胆小懦弱，要么叛逆惹事。当不幸的事情真的发生时，专制型的家长一般会说："我家教很严的，孩子怎么会这样！"这种耍棍棒的家长自以为会练就出"孝子"，其实只是逼迫孩子成为"逆子"而已。

如果家长的反应是（2），而且对待孩子其他事情的方式也差不多如此，那么我们大概可以判断家长是忽视型家长。

忽视型的家长对孩子的情绪视而不见，还会落井下石说类似的话："有什么大不了的，这点小事。""至于吗？哭什么哭！"在他们的思维里，快乐、满足的情绪才是好的，生气、难过、伤心的情绪就是坏的，但是对于两者，家长都不会陪伴孩子共度，更不用说安抚了。所以，往往在忽视型家长的精神冷暴力之下，孩子没有充足的心理营养，对自己的情绪调节迟缓，也不能辨识和洞察他人情绪，在人际关系中处处碰壁。

在社交中，忽视型的家长对孩子的情绪缺乏反馈，流露出厌烦、不想搭理的态度，所以孩子容易把这种不良感觉"嫁接"到伙伴身上，觉得自己不被集体重视，但又无法分辨是对

是错，所以感觉彷徨与困惑，在各种挫败中不能建立起自信，形成自卑、内向、焦虑的性格。

忽视型的家长因为跟孩子互动甚少，出于补偿心理，一般他们会在物质上大大满足孩子，但缺少对孩子行为方面的指导，所以孩子在社交中为获取存在感和关注度，会用类似的手法，如主动提供玩具零食、献媚奉承等，但实质上他们并不希望这样做，当手法成功时，他们会陷入这种不健康交际的循环中，持续以妥协低头的方式前进，当手法不成功时，他们会出现攻击性行为，又或者更加孤僻、一蹶不振。

如果家长的反应是（3），而且对待孩子其他事情的方式也差不多如此，那么我们大概可以判断家长是放纵型家长。

放纵型家长能够积极接受和包容孩子的任何情绪，但是，对于孩子的行为，他们并没有作出合理的引导，也没有跟孩子明确行为的界限。所以孩子不知道什么该做、什么不该做、做了后对不对，他们缺乏自我控制和坚持，于是随心所欲地做任何自己喜欢的事情。

在社交中，放纵型家长会尽力为孩子提供帮助，甚至是替代孩子解决，把所有错误归咎到他人或环境上，借此来安慰孩子，避免孩子受挫。他们养育的孩子大多以自我为中心，自私，自以为是，分不清哪些行为会打扰他人或让人厌恶，哪些行为才是合理可行的，也有较强的冲动性和攻击性，因此在集体中难以和谐融洽，容易遭到排挤。

因为日常家长对孩子要求较低，孩子的成熟度、情绪调

整力、问题解决能力都较低，造成孩子没有办法认清缺点和不足，在社交中容易感觉自己不如别人而引发自卑。加上平时孩子习惯于无限度地宣泄情绪，没有掌握表达和处理情绪的正确方法，所以他们很可能不敢尝试伙伴之间的游戏和挑战，遇到冲突会转身逃避或暴力攻击，缺乏上进心和探索精神。

实质上，放纵型家长的做法并不是接纳孩子，而是让孩子踏上无能的道路。

如果家长的反应是（4），而且对待孩子其他事情的方式也差不多如此，那么我们大概可以判断家长是权威型家长。

权威型家长，在包容、理解孩子情绪的基础上，会对他们的行为划定明确的界限。

在社交中，家长能理智地认识到情绪根本没有好坏之分，他们既认同愉悦、欢跃和舒心，也认为悲伤、恐惧和愤怒都是释放内在能量的好要素。就像天气，有艳阳天，有暴雨天，有万里无云，有雾霭阴霾，这些都是美好的存在，缺失一样都不是正常的自然现象。

在共情孩子的情绪后，权威型家长会给孩子确定的行为界限——对自己、他人、环境都安全的行为范围。在范围内，家长给孩子最大限度的自由，这就是主动思考并执行个性化解决方法的过程。所以，孩子会因为家长倾听理解自己而感到强有力的安全感和支持，于是对解决问题信心倍增，也对家长产生信任感和亲密感。

因为权威型家长关注孩子的精神与情感，对行为持开放和

接受的心态，所以家长的威信很高，从而对孩子的心理发展有着积极的影响。这些孩子往往跟伙伴相处时表现得独立性、自信心强，善于自控和解决冲突矛盾，喜欢与人交往并努力友好相处，有主见、负责任，并能调节情绪。他们会以家长跟自己的交流方式为榜样，愿意跟他人更亲密，积极了解自己和他人的权力，作出情感与思想的交流，形成友善、真诚、合作、自立的品质。

3.什么是最好的养育类型

据心理学家研究表明，往往权威型家长养育的孩子长大后，大多在生活上幸福，在事业上成功，在处事上有能力，身心与人格发展较完善，潜能与竞争力得到充分的发挥；专制型家长养育的孩子长大后，大多表面是孝顺感恩，谨慎小心，谦虚有礼，但他们往往幸福感低、社交能力低、暗地里为自己的卑微而难过，属于老百姓口中常说的"老好人"；放纵型家长养育的孩子长大后，通常会因为自律程度比较低而引发一系列的矛盾、意外，尤其是跟工作中的领导和同事、社会中的权威者和朋友相处会有问题，因此，集体难以接受容纳他的存在，以致幸福感较低；忽视型家长养育的孩子长大后，在任何领域存在感都较低，他们内心一直渴求着被认同和被需要，他们处事通常自控力低、能力不足、缺乏担当，跟同龄人一起会特别自卑。

一般认为，权威型的家长是最好的，因为孩子被输入的是价值观，他们愿意遵守家长那些公平合理的约定，会将之内化为自己的行为方式，从而实现自律、友善、真诚、合作、独立品质，能感受生活的意义，懂得诠释自我存在的真谛。

但是，在实际生活中，并不存在普适的所谓最佳的养育方式。

每个孩子都有独特的气质和个性，每个家庭的文化背景也相差甚远，在同一个家庭里面，不同角色遵循的教育理念也不尽相同，因此什么是最好的养育类型，根本没有统一标准的答案，只有针对性地摸索专属于自己孩子的养育方式才是最理智的。

真正好的养育方式绝对不是从书本的硬道理里读出来的，而是家长根据孩子个体差异、生活习惯，在不同情境和阶段中灵活觉察、洞悉并调整原有策略。而且家长需要具备良好的心理状态和抗压能力，不能看到"别人家的孩子"的教法就生搬硬套，而是要明智地成为"引路人"，带领我们前进。

家长要多换位思考，想象自己是孩子的角色，当我们遇到问题时，喜欢家长以什么方式对待我们，而这个答案，就是我们应该用来对待孩子的方式了。例如，孩子在社交中经常会遇到很多不能解决问题，这些已经足够让人紧张害怕、焦虑退缩了，这时候，内心深处需要的是安抚与辅助，温和地告诉他们需要怎么做，这正如我们成人在工作中也会遇到很多不可调和的矛盾，我们需要朋友倾诉、贵人相助、家人扶持，寻求焦虑、接纳和给予，其实两者的感受是一模一样的。

4.如何改善不同养育类型的家长

专制型家长

专制型的家长对于孩子的大事小事，都要全程指导控制，表面上是"孩子不能离开我，我为他好"，而实质上是"我不能离开孩子生存"。如果孩子一不听话或者有点差错，就会焦虑、失落、恐慌。如果孩子高兴就会牵动他的情绪高兴，如果孩子烦恼就会跟孩子一样烦恼。他们总看到别人家孩子身上的闪光点，希望自己的孩子也如此完美，以求证明自己的育儿能力。

1.家长需要重拾自己，放下负重

除了工作以外，找到自己的兴趣爱好，把时间和空间还给自己，同时也还给孩子。当家长生病、心情不好时就不要再去操劳孩子的事，主动向长辈、朋友求助，降低对自己的要求，不要全揽在身上。当把内心调整至不失衡的状态时，家长才会以更轻松的态度来应对孩子的事情，从而不会偏颇地进入尖酸刻薄、由上而下的控制模式，而是静心思考一些有效的方法，寻找问题的根源，有技巧地朝着目标走。

2.家长需要加强对孩子鼓励、表扬

例如，家长说："你怎么能够拿别人的玩具回家呢！像个没家教的孩子一样！"应该改为"你很喜欢这个小玩意是吗？我们需要把它送回主人手上的，我相信你是个有礼貌懂礼节的好孩子，你喜欢的话改天我们一起去买个吧。"这样孩子才会

感受到自我价值感。长期的鼓励与表扬，能让我们收获一个愉悦、上进的孩子。

3.家长需要更加耐心地引导，尤其当孩子做得不对时，不要一味批评指责

例如，家长说："怎么把玩具都放到妹妹的床上了！乱七八糟的！难怪妹妹不高兴。"应该改为"宝贝，你来看看妹妹的床上有什么呢？请问它们的小主人应该如何帮助他们回家呢？你可是个有担当的好哥哥哦。"这样的沟通对孩子来说，是他们一生学会自爱和处理问题的起点。

4.家长千万不要为了操纵孩子而贴标签或者打击

家长说："你怎么这么蠢！""你真笨！""你就是懒！""你总是这样！"而应该通通改为"我相信你能做得到！""你处理事情有进步了！""你多仔细啊！""看得出你很用心，所以结果让人满意！""感谢你的辛勤付出！"这些都是孩子成长必需的养料。

忽视型家长

忽视型的家长认为"我最重要"，自己的心情决定了对孩子的态度。同样的事件，当家长心情好时，跟孩子沟通就耐心些，当家长心情不好时，容易暴躁对待。他们的口头禅是"孩子小，什么都不懂""跟孩子不用讲太多道理，吃点亏自然就会明白了""孩子长大就好了，现在不用特意花什么精力"他

们跟孩子的互动，用"不强求"的借口掩埋冷漠的态度。

1.家长需要加强对孩子的关注，尤其重视孩子的想法与情绪

家长再忙再累，都尽可能在一天里抽一小时来跟孩子聊聊天，可以在工作的间隙打电话给孩子或者视频聊天，其中不评论，仅让孩子发表意见，我们做合格的聆听者；又或者在入睡前跟孩子看绘本，在读绘本的期间谈及孩子在幼儿园里的社交状况，进一步了解孩子的朋友圈；又或者在休息的时候跟孩子玩游戏，在游戏过程中穿插问孩子跟小伙伴的相处过程，从中判断孩子快乐与否，提问孩子当遇到冲突时的解决方法，并告诉孩子自己认为对的解决方法。

2.家长需要多向孩子学习，跟孩子做朋友，向孩子征求意见

我们尽量多地这样说话："宝贝，妈妈今天在公司遇到了一个难题……你说应该如何解决好呢？你说对方是怎么想的呢？"或者"今天我心情不太好，因为……如果是你，你会怎么做呢？来吧，做妈妈的小老师，帮帮妈妈。""不耻下问"的家长会大大增强孩子的责任感和问题解决能力。

3.家长需要多在孩子身上找亮点，让他们感受到惊喜，获得成功感

妈妈跟孩子说："今天我在打扫卫生时，发现你小时候的相片，可珍贵了，你看，你从小就爱跟小伙伴们打交道，爱笑的你可受欢迎呢！"又或者说："今天放学的时候，老师说你越来越主动帮助同学了，我就说吗，宝贝是个热心的孩子，妈

妈看得可准了！"

4.家长需要增强仪式感

如果确实太忙，家长没能在节日里陪伴孩子度过，建议可以每周一次在晚间回家时准备一份小礼物，里面放着简单的小玩意，如果太晚孩子已经入睡，那就放在他的床边，让他第二天起床看到惊喜，这些都是孩子幸福和被爱的体验。

放纵型家长

放纵型家长会认为我和孩子是彼此依靠，无论孩子多大了，也需要我的照顾。他们总认为自己不能动摇孩子的决定，在孩子面前，权威就是错误和独裁。当面对孩子的不当行为时，家长会嫌弃自己做得不够好，错在自己，甚至感到配不上自己那个优秀的孩子。

1.家长需要加强对孩子直面困难并解决问题的引导

我们不要总把"都是对方不对""怎么这样子，还是在妈妈身边最安全"摆在嘴边，而应该这样跟孩子说："宝贝，你要相信自己有能力去解决，告诉妈妈你们俩为了什么起冲突呢？事情是如何的？我们一起来思考吧。""凡事都是两面，我们有对与不对的地方，对方也一样，我们把事情摊开来说，也听对方说，一起看看如何解决吧。"这些话给予了孩子底气，并真正理解到问题的所在。

2.家长需要进一步制订界限，帮助孩子厘清责任和目标

孩子把小伙伴的东西弄脏了，家长需要让孩子明确动机与

行为，说："宝贝，你希望玩他的玩具，你很喜欢，但是你玩的时候把玩具弄脏了，这样小伙伴不喜欢，你认为怎么样才能补救呢？怎么样才能让小伙伴开心起来呢？"又如，孩子在聚餐时把所有的食物都往自己的嘴里送，家长需要给界限孩子："宝贝，我知道你很喜欢吃薯条，真的很美味，但是如果你把所有都吃光了，其他小朋友还能吃吗？如果你是他们，你会有什么感受呢？"这些说法都能让孩子思考自己的行为是需要改进的，明确且持续人与人相处的界限与修为。

无论是哪种养育类型的家长，要改善自己的养育方式并不是件容易的事，因为我们都构建起了自己的"固化思维"，就像筑起了思维的围墙，墙里墙外形同陌路。由于童年经历、上一辈的养育方式、一贯对事物的感知经验等，让我们不知不觉地深陷自己的高墙当中，每当我们想作出改变，但仍然按照原来的习惯和意识行动了，之后还伴随着懊悔。

即便事实如此，要拆掉养育思维的墙，家长必须拥有"相信的力量"。相信自己的沟通方式正在变得更好，相信自己能发现身体内的能量，相信自己能跟孩子建立更良好的亲子关系，相信自己不像从前那样对孩子束手无策，相信自己和孩子共同成长并推动做好每件事，相信自己教育失败了也拥有不气馁的心，相信自己能获得来自孩子的相信……

这就是家长送给孩子最好的礼物——相信自己能打破原来的养育局限，给予孩子更恰到好处的爱。